Elizabeth Delany / Sarah Delany
Amy Hill Hearth

Weisheiten aus hundert Lebensjahren

Elizabeth Delany / Sarah Delany
Amy Hill Hearth

Weisheiten aus hundert Lebensjahren

Aus dem Amerikanischen
von Katharina Foers und Gabriele Gockel

Knaur

Von Elizabeth und Sarah Delany sind außerdem erschienen:

Unsere ersten hundert Jahre (Band 60442)

Dieses Buch wurde auf chlor- und säurefreiem Papier gedruckt.

Deutsche Erstausgabe Oktober 1996

Titel der Originalausgabe »Book of Everyday Wisdom«

Originalverlag Kodansha Amerika, Inc., New York
Einbandgestaltung: Marion Ernst und Siegfried Schiller, München
Satz: Ventura Publisher im Verlag
Druck und Bindung: Franz Spiegel Buch GmbH, Ulm
Printed in Germany
ISBN 3-426-60506-6
5 4 3 2 1

Inhalt

Dieses Buch ist unseren Schwestern Julia Delany Bourne (1893–1974), Laura Delany Murrell (1903–1993) und Helen Hill Kotzky gewidmet

Danksagung

Die Autorinnen möchten Daniel A. Strone, Blair A. Hearth, Minato Asakawa, Paul De Angelis, Gillian Jolis und Trigg Robinson für ihren Rat und ihre Hilfe bei der Entstehung dieses Buches danken; Denise Landis hat die Rezepte durchgesehen, und Elisa Petrini hat uns mit ihren freundlichen Worten unterstützt.

Vorwort

»Es ist, als wären wir die Großmütter Amerikas geworden«, sagte Sadie Delany mit breitem Lächeln, als wir einen neuen Korb voller Fanpost durchsahen. Sadie Delany, inzwischen 105 Jahre alt, und ihre »kleine« Schwester Bessie – sie ist 103 – sind die beliebtesten Hundertjährigen im Land.

Die 1993 erschienenen, von der Kritik bejubelten, freimütigen Memoiren der bezaubernden, klugen Schwestern Delany waren ein großer Erfolg. (»Achtundzwanzig Wochen auf der Bestsellerliste der *New York Times* – nicht schlecht für zwei alte, über hundert Jahre alte schwarze Tanten!« pflegt Bessie Delany zu scherzen.)

Ich werde oft gefragt, ob sich die Schwestern durch all die Aufmerksamkeit, die ihnen seither zuteil wurde, (vielleicht zu ihrem Nachteil) verändert hätten. Die Antwort lautet ganz einfach: nicht im geringsten! Ich kann nur sagen: Die zwei berühmten Frauen bestehen immer noch darauf, ihre Seife selbst herzustellen, und ihr Hauptanliegen ist es, in den Himmel zu kommen.

Auch ihre Lebensweise hat sich kaum verändert. Sie wohnen

immer noch gemeinsam in ihrem Haus in Mount Vernon im Staat New York und legen allergrößten Wert auf ihre Privatsphäre. Doch obwohl die Schwestern ein ruhiges Leben schätzen, haben sie die Aufregung genossen, die der Erfolg ihres Buches mit sich brachte. »Wir haben uns köstlich amüsiert«, sagte Bessie oft. Und die beiden sind entzückt, ja überwältigt von der vielen Post, die sie seither bekommen haben.

Die Leser, die sie mit ihren Briefen überschütteten, stellten häufig Fragen. Die Leute wollten Ratschläge, suchten Führung und Ermutigung. Und deshalb glaubten die Schwestern, jeden einzelnen Brief auch beantworten zu müssen. Aber was tun? Selbst wenn sie noch dreißig Jahre leben würden, würden sie sie nicht alle beantworten können.

Eines Tages kam den beiden die Idee, mit mir ein neues Buch zu machen, anstatt die Fanpost zu beantworten. Nur daß wir diesmal nicht die »Lebensgeschichte der beiden Schwestern«, erzählen, sondern die Geheimnisse eines langen Lebens ausplaudern würden.

Glücklicherweise hatte ich während der letzten Jahre Tagebuch geführt, in dem ich die Ratschläge, Weisheiten und amüsanten Anekdoten der beiden festgehalten hatte. Dieses Tagebuch benutzten wir als Gerüst und die einzelnen Eintragungen als Ausgangspunkt. Darüber hinaus konnte ich den Schwestern im Frühjahr und Sommer 1994 weitere Überlegungen und Ideen entlocken und sie aufschreiben. Wie in *Unsere ersten hundert Jahre* habe ich das Material nur in eine bestimmte Reihenfolge gebracht, an den Aussagen der beiden aber nichts verändert.

AMY HILL HEARTH
Westchester County, New York
September 1994

Prolog

Wir sind Kinder eines Sklaven. Davon gibt es heute nicht mehr allzu viele.
Wir wurden vor über hundert Jahren geboren und haben immer zusammengelebt. Unser Vater, Henry B. Delany, wurde im Jahre 1858 als Sklave auf einer Plantage in Georgia geboren. Mama, Miss Nanny Logan, lernte er in der Saint Augustine's School, einer Schule für Neger in Raleigh in North Carolina, kennen. Mama war eine sogenannte »issue-free«-Negerin, das heißt, sie war frei geboren.
Mama und Papa wurden 1886 in der Kapelle hinter Saint Aug's getraut und zogen uns zehn Geschwister auf dem Campus auf. Papa war Priester der Episkopalkirche und Konrektor (man ließ ihn nicht Direktor werden, weil er Neger war). Mama gab Kochunterricht und war die Wirtschafterin – sie regelte den ganzen Alltagskram. Schließlich wurde Papa der erste gewählte schwarze Bischof der Episkopalkirche in Amerika.
In unserer Kindheit hatten wir kein Geld – nicht einen Penny –, aber wir waren trotzdem glücklich. Wir genossen das Leben, obwohl wir sehr abgeschirmt waren. Damals war

es farbigen Mädchen nicht möglich, ohne Begleitpersonen irgendwo hinzugehen. Schlimme Dinge konnten einem passieren, ohne daß der eigene Vater etwas dagegen zu unternehmen vermochte.

Wir wissen noch, wie es vor den Jim-Crow-Gesetzen in den neunziger Jahren des vorigen Jahrhunderts in Raleigh war. Weiße und Schwarze lebten mehr oder weniger selbstverständlich nebeneinander. Aber ein paar fiesen Weißen – wir nannten sie immer »rebby boys«, wahrscheinlich ein Spitzname für »rebel« – gelang es, diese Jim-Crow-Gesetze durchzubringen, die die Farbigen um eine Million Jahre zurückwarfen. Man durfte nicht mehr die Bibliotheken der Weißen benutzen. Im Bus mußte man sich hinten hinsetzen. Auch die Toiletten der Weißen, die im Gegensatz zu den anderen sauber gehalten wurden, waren für uns tabu.

In unserem christlichen Haushalt stand Gott im Mittelpunkt. Wir beteten jeden Morgen und jeden Abend, und bevor Mama uns abends badete, gingen wir in Papas Arbeitszimmer, wo er uns aus der Bibel vorlas.

Nach der Religion und dem Familienleben war das Wichtigste in unserem Leben die Bildung. In den neunziger Jahren des vorigen Jahrhunderts hatten farbige Kinder kaum die Chance, eine Ausbildung zu machen. Da wir jedoch auf dem Campus von Saint Aug's aufwuchsen, waren wir in dieser Hinsicht privilegiert. Damals studierten am Saint Aug's nur Lehrer und Priester. Und da Papa Konrektor war, nahmen wir sogar am Unterricht für Priester teil – zum Beispiel in Griechisch und Latein!

Der Abschluß, den wir am Saint Aug's machten (Sadie 1910 und Bessie 1911), entsprach einem zweijährigen Collegeaufenthalt heute. Damit waren wir berechtigt, als Lehrerinnen zu arbeiten, aber Papa hielt uns eine große Rede, wie wichtig es sei, vier Jahre lang zu studieren. »Töchter«, sagte er, »ihr habt das Zeug fürs College. Ihr seid es eurer Nation, eurer Rasse und euch selbst schuldig, das College zu besuchen. Wenn ihr das nicht tut, solltet ihr euch schämen!«

Das einzige Problem war, daß Papa kein Geld hatte. Und er bestand darauf, daß wir kein Stipendium beantragten, weil er meinte, dann wären wir den Leuten verpflichtet, die uns das Geld gäben. Also blieb uns nur die Möglichkeit, uns selbst etwas zu verdienen.

Das war eine enorm schwierige Aufgabe, aber wir nahmen sie in Angriff. Wir arbeiteten beide acht Jahre lang unten im Süden als Lehrerinnen, bis wir genügend Geld hatten, um nach New York City zu ziehen und uns an der Columbia University einzuschreiben. Dort machten wir beide einen

Abschluß (Sadie in Pädagogik und Bessie in Zahnmedizin). Inzwischen waren, bis auf einen, all unsere Geschwister ebenfalls nach New York gezogen. Nur Lemuel, der Arzt geworden war, blieb daheim.

Wir waren nicht die einzigen Neger, die um die Zeit des Ersten Weltkriegs im Norden ihr Glück zu machen versuchten. Im Süden gab es dermaßen viele rassische Vorurteile, daß wir dort nicht so vorankamen, wie wir uns das vorstellten. New York war zwar auch nicht das Paradies, aber immerhin besser.

Wir ließen uns in Harlem nieder, wo es damals zuging wie in einem Bienenkorb. In den zwanziger und frühen dreißiger Jahren war es der Schauplatz der sogenannten Harlemer Renaissance mit berühmten Schriftstellern wie Langston Hughes und Musikern wie Duke Ellington. Die treibenden Kräfte des schwarzen Amerika, zum Beispiel Dr. W. E. B. Du Bois, der große schwarze Intellektuelle – hier in Harlem begegnete man ihnen auf der Straße.

Man mußte sich einfach unter diese Leute mischen. Und die Delanys waren mittendrin!

Unser Bruder Hap war ebenfalls Zahnarzt, und er teilte sich mit Bessie eine Praxis an der Ecke Seventh Avenue und 135th Street – einem der wichtigsten Treffpunkte Harlems.

Zu Bessies Patienten gehörte auch James Weldon Johnson, der erste Sekretär der National Association for the Advancement of Colored People (NAACP)[1]. Unsere Brüder Lucius und Hubert waren Juristen; Hubert war stellvertretender Bezirksstaatsanwalt und wurde später Richter. Dann waren da noch unsere beiden Schwestern Julia, die ihren Abschluß auf der Juilliard School of Music gemacht hatte, und Laura, die Lehrerin war und am Hunter College studiert hatte. Manross war Berufssoldat und Geschäftsmann, und der Kleinste, Sam, besaß ein bekanntes Bestattungsinstitut.

In Harlem hieß es immer, die Delanys könnten sich von der Wiege bis zum Grabe um einen kümmern: Wir hatten jemand, der sich um die Gesundheit kümmerte, jemand, der Lesen und Schreiben unterrichtete, jemand, der die Leute vor dem Gesetz vertrat und schließlich sogar jemand, der sie beerdigte!

Wir haben beide nie geheiratet, weil der Beruf uns wichtiger war als die Männer. Zu unserer Zeit war es nämlich unmöglich, verheiratet *und* berufstätig zu sein. Entweder das eine

1 Gemäßigte Vereinigung von Schwarzen zur Bekämpfung von Rassismus, Rassentrennung und Diskriminierung, die auch mit M. L. King zusammenarbeitete. (Anm. d. Übers.)

oder das andere. Und je weiter wir in unserem Beruf kamen, um so klarer wurde uns, daß wir ihn niemals aufgeben würden.

Wir waren zu dem Schluß gekommen, daß wir zusammen enorm viel Spaß im Leben hatten. Schließlich waren wir nur zwei Jahre auseinander und sowieso immer zusammengewesen. Und als Papa 1928 starb und Mama zu uns zog, waren wir immer noch die beiden Mädchen.

Nach dem Zweiten Weltkrieg zogen wir von Harlem in die Bronx – damals war es dort noch sehr ländlich –, so daß Mama ein kleines Häuschen mit Veranda und Garten bekommen konnte. Wir wollten nur das Beste für Mama. Sie war unsere Freude.

Als Mama 1956 zum Herrn einging, wäre uns beinahe das Herz gebrochen. Aber wir mußten es akzeptieren, denn sie war schließlich schon fünfundneunzig Jahre alt. Danach fühlten wir uns so einsam, daß wir noch weiter nach Norden, nach Mt. Vernon, zogen. Wir dachten nämlich, es wäre besser, ganz neu anzufangen, sonst würden wir nie darüber hinwegkommen, daß sie von uns gegangen war.

Darum haben wir dieses Haus gekauft, in dem wir seitdem leben. Es ist ein ruhiges Plätzchen mit Blick auf New York City und viel Platz für einen Garten. Und wie sich herausstellte, war es der ideale Ort für das Rentnerdasein. Natürlich wußten wir nicht, daß es so lange dauern würde! Gut, daß wir ein hübsches Plätzchen gefunden haben, weil wir schon eine ganze Weile hier leben.

In den letzten fünfunddreißig Jahren verlief alles furchtbar ruhig. Wir haben ein angenehmes Leben geführt, das aus Gartenarbeit, Kirchgang und Besuchen bei Freunden und Nachbarn bestand. Wir haben sehr auf unsere Gesundheit geachtet, jeden Morgen – außer sonntags – machen wir Yoga, und wir passen genau auf, was wir essen. Wir essen sehr viel Gemüse und Obst und nehmen Vitamintabletten.

Und dann geschah plötzlich etwas Lustiges: Wir wurden entdeckt! Diese Kleine namens Amy Hill Hearth schrieb eine Geschichte über uns für die *New York Times*. Ein Verleger las Amys Artikel und drängte uns alle drei, zusammen ein Buch zu machen. Zuerst dachten wir, das könnten wir nicht, aber Amy gelang es, uns zu überzeugen.

»Wir haben schließlich etwas zu sagen!« meinte Bessie immer wieder, während wir daran arbeiteten. Trotzdem erwarteten wir damals nicht, daß sich sonderlich viele Leute für das Buch interessieren würden. Aber dann wurde es ein Bestseller!

Und jetzt haben wir das Gefühl, als ob die ganze Welt uns

geschrieben hätte – offenbar wissen viele Leute, besonders die jungen, nicht, wie man richtig lebt. Und da wir so alt wie Moses sind, haben wir im Laufe unseres Lebens vielleicht ein paar Dinge gelernt, die wir weitergeben möchten. Wir hoffen, daß sie Ihnen nützen.

SADIE & BESSIE DELANY
Mt. Vernon, New York
September 1994

1

Alte Wege, neue Wege

Wir sind so alt wie das Universum

Sadie: Sie wollen 100 Jahre alt werden? Nun, dann beachten Sie dies als erstes: Nicht rauchen, nicht trinken, keinen Kautabak. Und essen Sie immer Ihren Teller leer. Na gut, Sie können ein bißchen trinken, aber nicht viel!
Wir stehen bei Sonnenaufgang auf, und anschließend machen wir als erstes Gymnastik. Gott hat Ihnen nur einen Körper gegeben, also sollten Sie nett zu ihm sein. Machen Sie Gymnastik, denn sonst werden Sie, wenn Sie in unserem Alter sind, die Radieschen von unten sehen.
Die meisten Leute meinen, alt zu werden bedeute, aufzugeben, nichts Neues mehr in Angriff zu nehmen. Da sind wir ganz anderer Meinung. Solange Sie jeden Tag als Chance begreifen, daß etwas Neues geschieht, etwas, das Sie noch nie zuvor erlebt haben, bleiben Sie jung. Wir fühlen uns nämlich ganz und gar nicht wie 105 und 103 – wir fühlen uns nur halb so alt! Auch nach einem hundertjährigen Leben haben wir noch nicht alles ausprobiert. Wir haben gerade erst begonnen.
Aber wenn man unser Alter erreicht hat, glauben alle, daß man bald stirbt. Das ist furchtbar ärgerlich! Einmal hat eine

Verwandte von uns großen Wirbel gemacht, weil wir ihr nicht geöffnet haben. Bessie meinte: »Wahrscheinlich hast du geglaubt, wir wären tot. Ha! Du wirst schon sehen! Ich werde *dich* beerdigen.« Und sie hatte recht. Wir haben sie überlebt.

Vor ein paar Jahren war ich bei einer medizinischen Untersuchung, und die Krankenschwester fragte mich nach meinem Geburtsdatum. Ich sagte: »19.9.89« »Das ist unmöglich«, erwiderte sie. »Wir haben jetzt neunundachtzig.« »Ich meinte aber *Achtzehnhundert*neunundachtzig.« Sie konnte es nicht fassen. »Sie sind hundert Jahre alt? Das nimmt Ihnen niemand ab.«

Erst kürzlich brachte mein Arzt seinen kleinen Sohn mit zu mir. Der Junge hatte dasselbe Geburtsdatum wie ich –19.9.89 –, nur daß der kleine Kerl *1989* und ich *1889* geboren wurde. Der kleine Junge war fürchterlich gespannt, die Frau kennenzulernen, die genau 100 Jahre älter als er war!

Bis jetzt haben wir nie gesagt, wie alt wir sind. Es heißt nämlich, eine Dame, die das sagt, erzählt auch sonst alles!

Damals und heute

Die Leute fragen uns immer: »Ist es heutzutage besser oder schlechter?« Nun, manches ist besser, manches schlechter. Die Ärzte zum Beispiel haben heute mehr Möglichkeiten, kranken Patienten zu helfen. Die Farbigen haben größere Chancen. Aber es gibt heute eine Menge Probleme in der Welt, die sich niemand hat vorstellen können, als wir jung waren. Die Sache mit der Umwelt zum Beispiel. Sauberes Wasser war früher etwas Selbstverständliches.
Etwas anderes, worauf man sich früher unbedingt verlassen konnte, war die Post. Sie wurde mehrmals am Tag ausgeliefert! Und es ging schneller. Wenn wir in New York um Mitternacht einen Brief aufgaben, war er am nächsten Morgen um neun Uhr bei Mama in Raleigh.
Das lag daran, daß die Zugverbindungen insgesamt gut waren. In den neunziger Jahren kochte Großmutter oft ein ganzes Mittagessen, packte es ein und brachte es zum Bahnhof in Danville, Virginia. Es kam noch am gleichen Tag rechtzeitig zum Abendessen in Raleigh an, und zwar warm.
Natürlich gibt es einiges, was heute leichter ist. Wäsche waschen zum Beispiel. Als wir Kinder waren, hatten wir nicht

einmal einen Brunnen, geschweige denn moderne Wasserleitungen. Zum Wäschewaschen mußten wir also zunächst einmal zur Quelle gehen, um frisches Wasser zu holen. Jeder von uns trug drei Eimer – einen in jeder Hand und einen auf dem Kopf. Wenn man sich als Unterlage ein Handtuch um den Kopf wickelte, war das gar nicht so schwer. Wir brachten die Eimer in den Hof, wo ein großer Blechtrog stand und daneben eine Wanne. Wir mußten mehrmals gehen, um sie zu füllen. Dann schrubbten wir jedes Wäschestück mit selbstgemachter Seife auf einem Waschbrett. Wir kochten die Wäsche in dem Trog und spülten sie dann in der Wanne aus, und zwar dreimal. Dann hängten wir sie zum Trocknen auf. Mein Gott, das war wirklich Schwerstarbeit, aber Waschen kann auch sehr befriedigend sein, vorausgesetzt, man hat es nicht eilig. Es gemeinsam zu machen und die Hände in das warme Seifenwasser zu tauchen – ich empfand das als beruhigend, ja ich habe es richtig gern getan.
Heute haben wir eine Waschmaschine und einen Trockner. Aber Waschmaschinen tun der Wäsche nicht gut, deshalb ziehen wir es vor, das meiste mit der Hand zu waschen. Unsere Sachen halten ewig! Wir benützen das Waschbrett, und zum Ausspülen nehmen wir die Waschmaschine. Den Trockner benutzen wir fast nie. Wir hängen unsere Wäsche

draußen auf eine Leine und im Winter in den Keller. Wenn die Sonne auf die Wäsche scheint, wird sie weißer. Und die frische Luft tut ihr auch gut.
Als wir aufwuchsen, konnten wir es uns nicht leisten, neue Sachen zu kaufen, deshalb war es sehr wichtig, sorgsam mit dem umzugehen, was wir besaßen. Damals hatten wir nicht einmal eine Nähmaschine zu Hause. Als Papa der erste gewählte Negerbischof der amerikanischen Episkopalkirche wurde, machte Sadie all seine Leinenhemden selbst. Man brauchte Stunden, etwas mit der Hand zu nähen, doch es sah immer sehr hübsch aus.
Damals dauerte alles viel länger, aber wissen Sie was? Die Leute waren nicht so fürchterlich beschäftigt. Beschäftigt zu sein ist gut, es ist gesund und anregend, aber heute scheinen die Leute ja durchs Leben zu hetzen! Zu unserer Zeit mußte man hart arbeiten, und man war müde. Die Leute waren erschöpft, aber nicht so aus dem Häuschen wie heute.

Wir beide bei einem Gemeindebasar. Wir haben immer noch unseren Spaß, obwohl wir mittlerweile über 100 Jahre alt sind. Manchmal fühlen wir uns wieder wie zwei Schulmädchen.

Moderne Plagen

Bessie: Heute haben die Leute ein paar richtig tolle Geräte. Es gibt zum Beispiel einen Apparat, mit dem man das Garagentor vom Auto aus öffnet. Und diese kleinen

Computer, die alles können! In der zahnmedizinischen Fakultät der Columbia University lernte man nichts über Buchführung, und ich hätte so ein Ding gut gebrauchen können, als ich noch arbeitete! Auch Sandwichbeutel und Packpapier sind wunderbare Erfindungen, so etwas hatten wir früher nicht.

Das Fernsehen ist etwas Erstaunliches. Es kann bilden, aber auch unterhalten. Aber heute sitzen zu viele Leute vor dem Fernseher und lassen sich das Hirn kaputtmachen, anstatt zu lesen, nachzudenken oder einfach nichts zu tun. Schade, daß die Leute etwas an sich Gutes falsch gebrauchen.

Aber es gibt moderne Erfindungen, die wir schlicht und einfach hassen. Am schlimmsten ist das Telefon. Als wir noch jünger waren und ich meine Zahnarztpraxis hatte, brauchte ich natürlich ein Telefon, damit die Patienten mich jederzeit erreichen konnten. Aber wenn man zu Hause ein Telefon hat, ist es aus mit der Privatsphäre und dem hart erkämpften Frieden. Die Leute können einen belästigen, wann immer sie wollen. Und sie benutzen das Telefon für alle möglichen Dinge. Wir kannten eine Frau, die uns immer gegen fünf Uhr anrief und sagte: »Ich komme in etwa einer Stunde vorbei.« Sie wußte, daß dann unser Abendessen fertig war und wir uns verpflichtet fühlten, für sie mit zu decken.

Wir wissen, daß es auch Handys gibt. Wir haben von Leuten gehört, die ein Telefon im Auto spazieren fahren, für den Fall, daß sie eine Reifenpanne haben. Das klingt gut. Aber es ist viel schöner, Briefe zu bekommen. Das ist etwas Bleibendes. Man kann sie immer wieder lesen, darüber nachdenken, und wenn man zurückschreibt, hat man Zeit, sich genau zu überlegen, was man sagen will. Aber selbst ein Brief ist nichts im Vergleich zu einem Besuch. Wenn einen wirklich jemand interessiert, möchte man ihn sehen und ein paar Stunden mit ihm verbringen.

Vor einiger Zeit taten sich mehrere unserer jüngeren Verwandten zusammen und zwangen uns, ein Telefon anzuschaffen. Ich glaube, sie machten sich Sorgen um uns und wollten sich vergewissern, ob es uns auch gutginge. Sie stellten es direkt neben Sadies Bett. Schon der bloße Anblick des Telefons war ihr zuwider – sie deckte es immer mit ihrem Hut zu, so daß sie es nicht anschauen mußte. Und dann der *Krach*! Es klingelte unablässig, wenn wir gerade schliefen oder beim Essen waren oder uns unterhielten. Und dann weigerten wir uns, hinzugehen. Wir brauchen kein Telefon, um miteinander oder mit dem Herrn zu sprechen. Wofür brauchen wir dann überhaupt eins?

Einmal läutete dieses Telefon so oft, daß ich allmählich besorgt war. »Vielleicht sollten wir doch mal hören, was sie von uns wollen«, sagte ich zu Sadie. »Möglicherweise ist etwas passiert. Vielleicht ist jemand gestorben.« Also nahm sie den Hörer ab, und – stellen Sie sich vor! – es war ein R-Gespräch. Wir sollten auch noch dafür bezahlen, daß wir mit jemanden telefonierten!

Das hat uns gereicht. Wir werden nie wieder ein Telefon anschaffen. Und wenn man von uns sagt, wir lebten hinter dem Mond, dann ist uns das egal.

Frieden schließen mit der Vergangenheit

Sadie: Heute haben viele Leute den Kontakt zur Vergangenheit verloren, und das finde ich schade. Oben in unserem Haus hängen an einer Wand lauter Fotos, die wir im Laufe der Zeit gesammelt haben. Und wir sind sehr glücklich darüber. Es gibt nicht viele Familien, die zeigen können, wie sie vor über hundert Jahren ausgesehen haben.

Wenn unsere jungen Verwandten zu Besuch kamen, wollten sie immer nach oben gehen, um die Bilder anzuschauen, und natürlich erlaubten wir ihnen das gern. Junge Leute müssen ihre Familiengeschichte kennen, und alte Leute wie wir haben die Aufgabe, sie ihnen zu erzählen. Aber eines Tages kam unser junger Neffe herunter und war sehr aufgebracht. Er hatte bemerkt, daß auf einigen Fotos Weiße waren!

»Paß auf«, sagte ich, »einer von denen ist dein Urgroßvater James Miliam und der andere dein Ururgroßvater Jordan Motley.«

Aber unser Neffe hörte nicht auf, sich aufzuregen – über die Sklaverei, und all die schlimmen Sachen, die zwischen weißen Männern und farbigen Frauen abgelaufen waren, die Unterdrückung und was nicht sonst noch alles, als ob wir das nicht wüßten. Wodurch, fragte er, fänden wir es gerechtfertigt, diesen Fotos einen Ehrenplatz zu geben? Nicht, daß seine Gedanken vollkommen falsch waren, aber Bessie wurde allmählich wütend.

»Ob weiß oder nicht, diese Leute sind unsere Vorfahren, und deshalb haben sie das Recht, an dieser Wand zu hängen«, sagte sie. »Erstens kann man sich seine Verwandten nicht aussuchen. Und zweitens haben uns diese beiden Männer ihr Land vererbt. Wenn sie von ihren farbigen Verwandten soviel gehalten haben, sind sie für meine Begriffe in Ordnung!«

Man kann die Vergangenheit nicht ändern, und zu viele Leute verbringen ihre Leben damit, auf Dinge zu starren, die in früheren Generationen geschahen. Es ist besser, die Zeit zu nutzen, um voranzukommen.

Ein schönes Zuhause

Bessie: Ich will Ihnen sagen, was mir von der Vergangenheit am meisten am Herzen liegt: unsere familiären Bräuche, all jene kleinen Rituale, die die Familie zusammenhalten. Heute sind die Leute meistens so beschäftigt und unabhängig, daß sie die Alltagsgewohnheiten aufgeben, die die Bindungen aufrechterhalten – zum Beispiel gemeinsam zu essen. Sie glauben, sie könnten beim Essen fernsehen oder schnell einen Happen runterschlingen und dann loshetzen. Sie glauben, es wäre egal. Aber da täuschen sie sich!
In unserem Elternhaus nahmen wir alle unsere Mahlzeiten gemeinsam ein. Das Abendessen war immer am schönsten. Da konnten wir über den vergangenen Tag reden und es einfach genießen, zusammen zu sein. Es war tröstlich, und es

machte Spaß. Selbst heute, da nur noch Sadie und ich übrig geblieben sind, ist mir das die liebste Zeit des Tages. Wir haben es uns zur Gewohnheit gemacht, gemeinsam zu Abend zu essen – am Tisch zu sitzen und uns zu unterhalten. Erst wenn wir fertig gegessen haben, kommen wir auf ernste Themen zu sprechen und treffen wichtige Entscheidungen. Oder wenn ich Sadie sagen will, daß mir etwas Sorgen macht – und da gibt es immer irgendwas, Schätzchen! –, dann ist das die beste Zeit dafür.

Unser gemeinsames Abendessen würde ich niemals aufgeben. Leute, die diese kleinen Rituale vernachlässigen, verpassen eine Menge.

Familienzeit

Sadie: Das schönste am Familienleben sind für mich die Feiertage. Auf das Planen, Einkaufen und Kochen freue ich mich fast genauso wie auf den Feiertag selbst. Man braucht nicht einmal viel Geld, um etwas Besonderes daraus zu machen. Die besten Weihnachtsgeschenke unserer Kindheit würden heute jedem billig erscheinen – eine Orange in einem Kinderstrumpf zum Beispiel. Wenn ich an Weihnachten bei uns zu Hause denke, habe ich immer noch den Duft dieser Orangen in der Nase.

Ostersonntag war bei uns ein heiliger Tag, und wir mußten bis Ostermontag warten, um uns zu vergnügen. Dann gingen wir hinaus, um Maulbeeren zu pflücken, während Mama die Eier kochte. Anschließend kochten wir die Maulbeeren, um darin die Eier in allen möglichen Schattierungen von Rosa bis Rot zu färben.

Am 4. Juli zündete Papa Feuerwerkskörper für uns an. Er ließ uns aber nie nahe heran, weil er Angst hatte, wir könnten uns verletzen. Das Lustige war, daß er selbst eine Heidenangst davor hatte. Jedesmal, wenn er einen angezündet hatte, warf er ihn weit von sich und lief davon, als ob der Teufel persönlich hinter ihm her wäre. Und wir brachen in lautes Gelächter aus.

Auch die Geburtstage gehören dazu. Wir haben ja schon eine Menge davon hinter uns gebracht! Da Bessie und ich beide im September geboren sind, haben wir immer gemeinsam gefeiert. Wir feierten an Bessies Geburtstag – am 3. September –, weil das für Mama bequemer war. Am 19. September, meinem Geburtstag, hatte die Schule schon be-

gonnen, und Mama hatte viel zu tun. Es hat mir nie etwas ausgemacht, an Bessies großem Tag meinen Geburtstag zu feiern. Ich glaube sowieso, daß es Bessie mehr bedeutet.
Bessie bereitet sich schon am Vorabend darauf vor. Am Morgen putzt sie sich dann groß heraus. Daher stammt auch ihr Spitzname »Queen Bess«. Einmal lachte Papa sie an ihrem Geburtstag aus, weil sie so herumstolzierte. »Jei, jei, jei. Das ist mal wieder typisch Queen Bess«, sagte er. Und sie muß unbedingt ihren Lieblingskuchen haben: einen Früchtekuchen mit einer frischen Kokosglasur und Vanilleeis in Ingwersoße. Sie verfällt in tiefstes Selbstmitleid, wenn sie keinen bekommt!
Und sie rührt den ganzen Tag keinen Finger im Haus. Aber wie sie selbst sagt: »Ich kann nicht arbeiten – ich muß feiern. Das ist das Mindeste, was ich tun kann, um dem Herrn für ein weiteres Jahr zu danken!«

Bessie: Wir wurden so erzogen, daß wir, wenn wir nach Hause kamen, vom Bahnhof sofort zu unserem Familiengrundstück fuhren. Dann packten wir unsere Sachen aus und besuchten Freunde und Verwandte. Auf diesem Bild aus den sechziger Jahren bin ich (die Zügel haltend) mit meiner Cousine Daisy und ihrem Mann Bigelow zu sehen. Wir sind auf dem Weg zum Grab meiner Großeltern mütterlicherseits in Danville, Virginia.

2

Was das Leben einen lehrt

Für sich selbst sorgen

Sadie: Man lebt nicht ein ganzes Jahrhundert, ohne hie und da eine Lektion zu lernen. Was Bessie mich gelehrt hat: daß man übervorteilt werden kann, wenn man das tut, was man möchte.

Als Kinder hatten wir alle unsere täglichen Pflichten. Ich mußte jeden Abend spülen, Bessie trocknete ab, und unsere kleine Schwester Julia stellte alles weg. Julia versuchte immer, sich vor der Arbeit zu drücken. »Bessie«, sagte sie, »wenn du das Geschirr wegstellst, gebe ich dir einen Penny.« Meistens tat Bessie es – obwohl sie genau wußte, daß Julia keinen einzigen Penny besaß. Ich fragte Bessie: »Warum fällst du darauf herein?« Und Bessie erwiderte: »Julia haut mich nicht übers Ohr. Sie haßt einfach diese Arbeit, und mir macht es nicht soviel aus. Jetzt ist sie davon überzeugt, daß sie mir eine Menge schuldet, und glaube mir, sie wird mir öfter einen Gefallen tun, als ich es mir mit ein paar Pennys erkaufen könnte!«

Ich bin immer ein Mensch gewesen, dem es schwerfällt, nein zu sagen. Während der Großen Depression brauchten alle Geld, und die Leute kamen ständig zu uns, um sich etwas zu leihen. Ich hatte einen Fehler begangen – ich hatte eine Bankbürgschaft für einen Freund übernommen, der seinen Kredit nicht zurückzahlte –, und nun zog die Bank jede Woche etwas von meinem Konto ab, bis ich alles auf Heller und Pfennig zurückgezahlt hatte. Wenn sich die Leute etwas von mir leihen wollten, hatte ich also eine gute Ausrede. Ich lächelte nur und sagte: »Ich würde Ihnen ja gerne aushelfen, aber mein Lohn wird gepfändet.« Das schreckte sie ab, und ich muß zugeben, daß ich es bis heute immer zu vermeiden suche, einfach nein zu sagen.

Wenn jemand mir eine Frage stellt, die ich nicht beantworten möchte, stelle ich mich dumm. Ich sage einfach: »Ich weiß es nicht« oder »ich kann mich nicht erinnern«, obwohl das natürlich nicht stimmt. Es erspart einem die Aufregung, und ich muß lachen, wenn sie weggehen. Es macht mir nichts aus, was sie über mich denken.

Die einfache Wahrheit

Bessie: Ich hasse es, wenn Sadie das macht, obwohl ich zugeben muß, daß es funktioniert. Ich würde eher geradeheraus antworten! Papa pflegte zu sagen: »Bessie, wenn ich dich etwas frage, weiß ich, daß ich die Wahrheit zu hören bekomme.« Und er hatte recht. Ich habe immer gefunden, daß das Leben einfacher und bequemer ist, wenn man die Wahrheit sagt. Andernfalls muß man doch ständig aufpassen, daß man die Geschichten nicht durcheinanderbringt, und man darf nie vergessen, was man wem erzählt hat. Mir wäre das zu anstrengend.

Außerdem ist es ein Zeichen von Angst, wenn man lügt. Es bedeutet, daß man sich einer Sache nicht stellen kann. Mama sagte immer: »Wenn du lügst, mußt du dich fragen, wovor du Angst hast.«

Ich weiß, daß es für die meisten hart ist, die Wahrheit zu hören. Wie Sadie sagt, ich bin manchmal zu offen. Wir kennen eine junge Frau, die alleinerziehende Mutter ist. Es gefällt mir überhaupt nicht, wenn ein Kind ohne Papa aufwächst, und die Tatsache, daß die Kleine ihre Zukunft für irgendeinen Taugenichts weggeworfen hat, ist mir geradezu un-

erträglich. Es tut ihr weh, wenn ich ihr das sage, aber auch wenn ich mir die allergrößte Mühe gebe, ich kann einfach nicht verbergen, was ich denke.
Ich wünschte, es gäbe einen anderen Weg, die Wahrheit zu sagen. Es ist nicht so leicht, Bessie zu sein!

Ein Netz von Lügen

Sadie: Obwohl die Wahrheit verletzend sein kann, richtet Unaufrichtigkeit oft noch mehr Schaden an. Hier nur ein Beispiel: Als Mädchen bekam ich leichtes Typhusfieber. Bessie erwischte es viel schlimmer, und sie kam ins Krankenhaus, während ich nur ein paar Wochen im Bett bleiben mußte. Und da war nun ein Mädchen, das allen erzählte, sie glaube, ich bekäme ein Baby! Sie hatte selbst einen schlechten Ruf, und so versuchte sie, auch meinen zu ruinieren. Können Sie sich vorstellen, solche Lügen zu verbreiten?
Wahrscheinlich glaubte ihr niemand, aber es verletzte mich trotzdem. Mein guter Name bedeutet mir alles. Wie Papa zu sagen pflegte: »Kinder, euer guter Name ist das einzige,

was ihr habt im Leben. Wenn ihr den verliert, habt ihr nichts mehr.« Und es erstaunte mich, daß das Mädchen nicht einmal Angst hatte, ihre Lüge könnte auffliegen. So ist das mit unehrlichen Menschen – sie sind unbekümmert oder sogar stolz darauf. Sie belügen sich selbst, so daß sie keine Scham empfinden. Ich wette darauf, so wahr ich hier sitze, ein Mensch, der einmal lügt, wird immer wieder lügen.
Menschen, die ehrlich sind, mag man vielleicht nicht immer, aber sie sind vertrauenswürdig. Man weiß, daß sie ihr Wort halten. Und wie Bessie immer sagt: »Wenn du ein ganzes Zimmer voll Geld in deinem Haus hättest, es würde dir nicht im Traum einfallen, es zu zählen, wenn sie gegangen sind.«

Der schwierige Weg

Bessie: Nach all den Jahren bin ich in manchen Dingen klüger geworden, zum Beispiel, wenn es darum geht, seine Chancen zu nutzen.
Ich weiß, daß manche Leute Angst haben, etwas Neues in

Angriff zu nehmen, und das ist ein großes Problem für sie. Ich hingegen habe nie vor irgend etwas Angst gehabt. Ich meine, ich war immer vollkommen furchtlos! Aber das heißt natürlich, daß ich nicht immer meinen Verstand gebraucht habe.

Als ich jung war und wir in Saint Aug's gerade Strom bekommen hatten, warnte uns Papa, nur ja die Birnenfassungen nicht zu berühren. Aber ich wollte einfach wissen, warum man soviel Aufhebens darum machte. Also kletterte ich auf einen Stuhl und streckte die Hand zur Fassung. Ich kann mich nur noch daran erinnern, daß ich förmlich daran klebte! Und kurz darauf stürzte ich zu Boden. Es war pures Glück, daß ich nicht schwer verletzt wurde.

Auch von Schlangen, so sagte man uns, sollten wir uns fernhalten. Natürlich gab es in North Carolina Unmengen von Schlangen, und ich wußte, daß viele davon gefährlich waren. Aber das beeindruckte mich nicht im geringsten. Eines Tages stießen wir auf eine große alte Schlange, und natürlich ging ich hin und hob sie auf. Sie biß mich zwar nicht, aber sie spuckte mir etwas Schleimiges auf die Hand. Ich war zu Tode erschrocken. Es war grauenhaft.

Ich glaube, ich mußte immer durch die harte Schule gehen. Wie Mama und Papa damit zurechtkamen, weiß ich nicht.

Papas Lieblingsbild von Mama, das um 1885 aufgenommen wurde. Er trug es bis zu seinem Tod in seiner Brieftasche. Unsere Mama war nur zu einem Achtel Negerin und wäre auch für eine Weiße »durchgegangen«, aber das hätte sie als Lebenslüge empfunden. Sie betrachtete sich als Negerin, obwohl sie als weiße Frau sicher ein leichteres Leben gehabt hätte.

Papa im Alter von etwa vierzig Jahren, um 1898. Manche Leute verstehen unter einem großen Mann jemanden, der reich und mächtig ist. Für uns aber ist es das Kriterium, wie er Frau und Kinder behandelt. Nach unseren Maßstäben war Papa der Größte.

Wenn es eine Lektion gibt, die ich gerne weitergeben möchte, so diese: Es muß nicht jeder die Welt neu erfinden. Man muß nicht alles selbst ausprobieren. Durch Beobachten und Zuhören kann man genausoviel lernen wie durch eigenes Tun.

Man kann nicht alles wissen

Sadie: Beobachten und Zuhören – das sind ausgesprochen wichtige Fähigkeiten, wenn man sich weiterentwickeln will. Als ich noch unterrichtete, hatten meine Schüler häufig bessere Ideen als ich. Warum auch nicht? Daß ich die Lehrerin war, bedeutete nicht, daß ich alles wußte. Niemand weiß alles.

Natürlich tun die meisten so, als ob sie alles wüßten. Leider gibt es eben viel mehr Schwätzer auf der Welt als gute Zuhörer.

Aber eine gewisse Art von Schwatzhaftigkeit gefällt mir auch. Bessie zum Beispiel – dieses Mädchen kann jeden, den sie trifft, unter den Tisch reden! »Wenn man sich mit Reden

das Himmelreich erwerben könnte, käme ich bestimmt hinein!« sagt sie.
Aber neuerdings behauptet Bessie, daß sie nicht mehr soviel redet. Sie sagt, sie sei es leid, daß die Leute ihr widersprächen. »Früher hatte ich Gefallen an guten Argumenten«, sagt sie, »aber heute liegt mir nicht mehr soviel daran zu kämpfen, wie früher.«
Aber ich kann das nicht bestätigen! Wenn Bessie jemals aufhören würde, sich aufzuregen, würde ich es direkt vermissen. Ich würde mir schreckliche Sorgen um sie machen. Es gibt eben Menschen auf dieser Welt, die nicht dafür geschaffen sind, den Mund zu halten!

Sich Freude verschaffen

Bessie: Ich würde sagen, eine der wichtigsten Fähigkeiten im Leben ist es, sich Freude zu verschaffen. In meinem Alter ist es natürlich schon eine Freude, zu atmen! Manchmal mache ich einen Scherz und sage zu Sadie: »Ich habe Glück, daß ich gerade in den Dingen so gut bin, die mir am meisten Freude machen – Essen, Schlafen und Reden!«

Als ich jünger war, hatte ich an ganz unterschiedlichen Dingen meine Freude. An meinen Freunden und Nachbarn, meiner Kirche. Und vor allem liebte ich meine Blumen und mein Gemüse. Wir haben den ganzen Hof damit bepflanzt: wilde Pflaumenbäume, Pfirsichbäume, Feigenbäume, Wein, Brombeeren, Johannisbeeren, Stachelbeeren, Zwiebeln, Lauch, Mais, grüne Bohnen, Okraschoten, Kürbisse, Blumenkohl, Kohl, Tomaten und Rhabarber.

Nichts kann einem besser das Verstreichen der Zeit vermitteln als ein Garten. Im Frühjahr, wenn die tapferen kleinen Krokusse und Schneeglöckchen hervorsprießen, feuern wir sie an. Im März oder Anfang April kommen dann die Osterglocken. Dann die Tulpen und so weiter, bis alle Blumen auf einmal blühen: Maiglöckchen, Phlox, schwarzäugige Susanne, Schmuckkörbchen, Tausendschön und natürlich Rosen. Aus irgendeinem Grund hatten wir immer eine besondere Vorliebe für rote Rosen. Deshalb haben wir davon am meisten.

Wir haben unseren Garten immer weiter verschönert. Jedesmal, wenn wir Schnittblumen geschenkt bekamen, hoben wir die Samen auf und setzten sie im nächsten Frühjahr ein. Ich verrate Ihnen ein Geheimnis: Wenn Sie wenig Zeit haben, werfen Sie einfach die verwelkten Blumen in den Garten. Die Blätter und Stengel werden zu Mulch, und häufig »schlagen« die Samen von selbst an. Alte Schnittblumen muß man nicht unbedingt in den Müll werfen.

Am meisten liebe ich die Pflanzen, die aus den kleinen Schößlingen entstanden sind, welche wir vor Jahren aus dem Süden mitgebracht haben. Wir nahmen einfach einen Sproß und pflanzten ihn hier ein. So haben wir einen Strauch von Großmutters Sharonrose, der direkt neben der Eingangstreppe wächst, und sogar etwas von dem Blumengebinde, das sie zur Hochzeit trug. Und wir haben Gladiolen und Iris von Mrs. Hunters Grundstück. Mrs. Hunter war die Frau des Direktors, der während unserer Kindheit Saint Aug's leitete. Mit all diesen Pflanzen ist es geradeso, als wären all unsere alten Freunde um uns!

Ich liebe meinen Garten so sehr, daß ich den ganzen Tag dort draußen bleiben würde, wenn Sadie mich ließe. Das meine ich, wenn ich sage, man muß sich Freude im Leben verschaffen. Jeder muß es für sich selbst tun.

Sadie: Auch mein Leben ist voller Freude gewesen. Meine Freude ist Bessie.

Ein gutes Leben führen

1.

Bewahren Sie sich Ihren Humor. Die glücklichsten Leute sind die, die über sich selbst lachen können.

2.

Achten Sie auf die kleinen Dinge. Es gehört zu den besten Eigenschaften eines Menschen, aufmerksam zu sein. Manche Menschen haben Augen, sehen aber nichts.

3.

Überlegen Sie sorgfältig, bevor Sie etwas versprechen. Wenn Sie einmal ja gesagt haben, müssen Sie sich auch daran halten.

4.

Man muß wissen, wann man besser den Mund hält. »Friedhofsgespräche« nennen wir es, wenn wir über vertrauliche Dinge reden. Das bedeutet, nur du und ich und der Grabstein erfahren davon.

5.

Nutzen Sie es nicht aus, wenn jemand nett zu Ihnen ist. Ein ungesatteltes Pferd reitet man nicht zu Tode.

6.

Vertrauen Sie auf Gott, und Sie werden nie allein sein.

3

Auf eigenen Füßen stehen

Wie wir es geschafft haben

Sadie: Die Leute fragen uns, wie wir es geschafft haben, so alt zu werden, wie wir soweit gekommen sind. Nun, das Wichtigste ist, ein diszipliniertes Leben zu führen. In der Jugend heißt das, zu arbeiten und viel lernen. Im Alter heißt das, jeden Tag Gymnastik machen, ob einem danach ist oder nicht. Viele Leute zucken zusammen, wenn sie das Wort »Disziplin« hören. Sie glauben, das bedeute, sich kein Vergnügen zu gönnen. Aber das stimmt nicht, schließlich sind wir der lebende Beweis dafür! Wir haben unseren Spaß.
Heute wollen es sich viele Menschen leicht machen. Wir haben ein Sprichwort dafür: »Sie wollen weiterkommen, ohne zu gehen!« Aber so etwas gibt es nicht. Man muß seinen Preis bezahlen. Man muß dafür arbeiten.
Manchmal fragen uns die Leute, wie wir trotz Rassismus und Sexismus unser Studium abschließen konnten. Wie wir das ausgehalten haben? Aber hatten wir denn eine Wahl? Hat denn überhaupt jemand die Wahl? Für niemanden ist das Leben leicht, auch wenn es oft so aussieht. Manchmal muß man vieles auf sich nehmen, um das bißchen zu bekommen, was man braucht.

Sicher, man hört von Basketballstars und Unterhaltungskünstlern, die es ohne Bildung zu etwas gebracht haben. Aber das ist ja nur ein winziger Bruchteil der Menschheit. Und das Traurige ist, daß viele von ihnen gar nicht wissen, wie man mit soviel Geld ein gutes Leben führt.
Wenn man ungebildet ist – wenn man nicht richtig schreiben und sprechen und logisch denken kann –, kann man kein selbstbestimmtes Leben führen.

Dr. Anna J. Cooper in ihrem Haus in Washington, D. C. Wir zehn Kinder wurden alle nach jemandem benannt. Mama und Papa hatten kein Geld, und die einzige Möglichkeit, jemanden zu ehren, bestand darin, ihrem Kind seinen Namen zu geben. Bessie (Annie Elizabeth) wurde nach Dr. Cooper benannt. Sie war Erzieherin und eine der ersten, die die höhere Schulbildung für farbige Frauen forderte.

Sich hohe Ziele stecken

Bessie: Als ich jung war, sagte ich zu meinem Vater, ich wolle Krankenschwester werden. »Bessie«, erwiderte er, »Krankenschwester ist ein schöner Beruf, aber warum willst du nicht versuchen, Ärztin zu werden? Steck dir ein hohes Ziel!«

Nun, mir fehlten noch ein paar Punkte für die medizinische Fakultät, und die Zeit lief mir davon. Deshalb wurde ich Zahnärztin – die zweite farbige Frau, die die Zulassung im Staat New York bekam! Und ich war eine gute Zahnärztin, das kann ich Ihnen sagen! Erst kürzlich habe ich von einer früheren Patientin von mir gehört. 1929 habe ich ihr eine Krone gemacht, und wissen Sie, was? Sie hatte sie immer noch, nach über sechzig Jahren! Das macht mich sehr stolz. Man darf stolz sein, wenn man seinen Beruf beherrscht – dagegen hat auch Gott nichts einzuwenden. Ich habe mir diesen Stolz verdient. Nichts befriedigt mehr, als gute Arbeit zu leisten, zu wissen, daß man sein Bestes getan hat.

Man muß sich hohe Ziele stecken!

Bessie: Ich wurde Dr. Bessie genannt und war die erste farbige Zahnärztin in Harlem. Ich hatte nie Angst, mich bei meinen Patienten anzustecken, weil ich darauf vertraute, daß Gott mich beschützte. »Gott hat mir keine Handschuhe gegeben«, dachte ich.

Sadie: Das bin ich im Reitdress. Das Foto entstand Anfang der zwanziger Jahre in North Carolina. Egal, wie alt man ist, man sollte sich immer für jung halten. In unseren Träumen sind wir ewig jung.

Etwas für sich selbst tun

Sadie: Vor kurzem hat mich jemand gefragt, wie ich mit Schülern umgegangen sei, die durchgefallen waren. »Ich habe nie einen Schüler durchfallen lassen. Kein einziges Mal in all den fünfzig Jahren, in denen ich als Lehrerin arbeitete. Ich habe so lange mit den schlechten Schülern gearbeitet, bis sie durchkamen. Ich hielt das für meine Aufgabe.«

Gute Arbeit zu leisten – das verschafft einem Selbstachtung. Heute scheinen die Leute da etwas zu verwechseln. Es wird viel über Selbstwertgefühl und Selbstachtung geredet, als ob einem das jemand anderes geben könnte. Aber Selbstachtung bedeutet, zu wissen, daß man ein wertvoller Mensch ist, und nicht, zu denken: »Ich bin etwas Besonderes«, und sich dazu zu gratulieren. Es bedeutet: »Ich habe Fähigkeiten. Ich glaube an mich, so daß ich etwas zur Gesellschaft beitragen kann.« Es heißt nicht, sich an die erste Stelle zu setzen.

Ein wichtiger Bestandteil der Selbstachtung ist das Selbstvertrauen – zu wissen, daß man für sich sorgen kann. Als ich mit dem Unterrichten begann, hatte ich fast kein Geld, und so kam ich auf die Idee, Süßigkeiten herzustellen und zu verkaufen. Schon bald hatte ich ein kleines Bonbongeschäft mit

dem Namen Delany's Delights, Inc.[1] Überall in New York wurden meine handgemachten Fondantpralinen in Dosen zu 250 g, 500 g und 1000 g verkauft, sogar im Kaufhaus Abraham & Straus. Ich verlangte zwei Dollar für das Pfund und machte dabei einen hübschen Gewinn! Doch dann kam die Große Depression, und ich mußte mein Geschäft aufgeben, weil niemand mehr Geld für Luxus übrig hatte.
Aber diese Süßigkeiten haben mich eine lange Zeit über Wasser gehalten! Das hat mir gezeigt, daß ich mich niemals von jemanden abhängig machen muß, egal was passieren wird. Ich habe nie Almosen gebraucht!

Sadie: Meine erste Bonbondose mit Delany's Delights. Ich habe nicht gewartet, bis ein Mann kam und für mich sorgte. Ich habe mir selbst meinen Lebensunterhalt verdient! Ich hatte ein regelmäßiges Einkommen als Lehrerin, verdiente in den zwanziger Jahren aber mit meinen Bonbons auch ganz gutes Geld.

1 Delany's Köstlichkeiten, Anm. d. Übers.

Delany's Delights

(Sadies handgemachte Fondantpralinen)

3 Tassen Zucker
1 1/2 Tassen Wasser
230 g Schokolade (Vollmilch oder Halbbitter)
Wahlweise 1 TL Vanilleextrakt oder andere Aromastoffe

Einen Fondant herstellen: Zucker und das Wasser in einer leicht gebutterten Kasserolle kochen, bis ein zähe Masse entsteht. Diese in eine Pfanne geben und während des Abkühlens mit einem Spatel flachdrücken, bis sie weich ist.
Ein kleines, etwa fingerspitzengroßes Stück davon nehmen und zu einer Kugel formen. In Schokolade (am beliebtesten ist Vollmilchschokolade) tauchen, die zuvor im Wasserbad geschmolzen wurde. Die Raumtemperatur muß niedrig gehalten werden. (Ich hatte bei der Arbeit meistens meinen Mantel an!)
Um dem Fondant eine Geschmacksnote zu geben, kann man ihn mit gemahlenen Nüssen, aufgeweichter Schokolade, Kokosnußflocken oder Pfefferminzaroma mischen. Wenn Sie eine Geschmacksrichtung wünschen, die man nicht in den Fondant »einrühren« kann (ganze Kirschen, Pekannüsse, Mandeln, Erdnüsse, Paranüsse), drückt man die Früchte als ganze in den Fondant, bevor man diesen in die Schokolade taucht.

PORST
Königsbild
Juni 1984

Den Menschen in die Augen sehen

Bessie: Ja, heute verstehen die Leute das alles falsch. Sie haben die Vorstellung, Selbstachtung bedeute: »Ich bin ein toller Hecht. Ich bin wunderbar. *Ich, ich, ich.*« Das ist nicht Selbstachtung, das ist Eitelkeit.

Aber man muß für sich einstehen. Ich bin sehr leicht reizbar. Ich habe mir da nie etwas vorgemacht, o nein.

Die Art, wie die Leute einen behandeln, hängt meistens davon ab, wie man sich präsentiert. Darum haben Mama und Papa uns gelehrt: »Seht den Leuten immer in die Augen.« Sonst glauben sie, man hätte Angst vor ihnen, und habe Zweifel, ob man so gut ist wie sie. Und in die Kerbe hauen sie nur allzu gern!

Wir haben da einen kleinen Jungen, der uns bei der Hausarbeit hilft und der es nie schaffte, uns anzusehen. Er starrte auf den Boden oder auf einen Punkt im Zimmer und murmelte mit hochgezogenen Schultern etwas vor sich hin. Sadie und ich beschlossen deshalb, ihn uns ein wenig vorzunehmen. Zuerst sagten wir zu ihm: »Stell dich gerade hin. Sprich deutlich – verschluck die Worte nicht.« Und natürlich vor allem: »Sieh mir in die Augen.«

Es dauerte eine Weile, bis er von seinen Gewohnheiten abließ, aber die Veränderung, die sich dann vollzog, war erstaunlich. Seine Stimme wurde lauter, und seine Aussprache verbesserte sich. Sein Selbstvertrauen wuchs. Und er wirkte sogar größer!

Was am Ende geschah, hätte man nicht für möglich gehalten. Eines Tages kam er zu uns, stand stolz und aufrecht da und sah Sadie direkt in die Augen. Und mit klarer, deutlicher Stimme bot er ihr einen Handel an: »Für einen Dollar füttere ich jeden Tag Ihren Hund. Aber ich füttere ihn nur. Seinen Napf mache ich nicht sauber.«

Natürlich mußten wir lachen! Manch einer würde vielleicht sagen, wir hätten ihm etwas beigebracht, was er dann ein bißchen zu gut beherrschte, aber wir waren beinahe stolz auf ihn. Wir hoffen, daß er diese Haltung für den Rest seines Lebens beibehält!

4

Auf Gott vertrauen

Die Welt des Geistes

Sadie: Es gab keine Zeit, in der wir nicht an Gott geglaubt hätten. Man glaubt doch an vieles, obwohl man es nicht sehen kann, zum Beispiel an die Liebe oder den Mut. So ist es auch mit dem Glauben. Daß man ihn nicht in der Hand halten kann, heißt doch nicht, daß es ihn nicht gibt. Ein gläubiger Mensch ist bereit für das Leben und dafür, etwas daraus zu machen.

Als wir noch Kinder waren, behielt Papa die Bibel in seinem Arbeitszimmer, und jeden Abend vor dem Zubettgehen las er uns etwas daraus vor. Papa ging immer sehr vorsichtig mit der Bibel um. Er sagte, wir dürften niemals etwas darauflegen, nicht einmal ein Stück Papier. Sie war heilig.

Die Bibel – das Wort Gottes – war zu Hause der Mittelpunkt, und so halten wir es auch heute noch. Sie liegt im Wohnzimmer auf einem kleinen Tisch zwischen den beiden Sesseln, wo wir die meiste Zeit verbringen.

Die Bibel ist unser Ratgeber. In ihren Worten wirkt Gottes Weisheit, aber man kann auch viele praktische Ratschläge darin finden. Schließlich hat sich die Menschheit nicht allzusehr verändert.

Außerdem finden wir in den alten Gebeten und Psalmen viel Trost. Eins der größten Geschenke, die wir in den letzten Jahren bekommen haben, ist eine Ausgabe des alten Cokesbury-Gesangbuchs, ein methodistisches Gesangbuch voller Lieder, die wir fast 100 Jahre nicht mehr gehört haben. Unser Papa war zwar Bischof der Episkopalkirche, aber er stammte aus einer methodistischen Familie. Wenn er Sehnsucht nach ihr hatte, spielte er jene alten methodistischen Hymnen auf seinem Klavier.

Diese alten Hymnen sind wunderschön – genauso wie die alten Spirituals – und trotz ihres hohen Alters immer noch herzerquickend. Hier ist einer, den Bessie gerne singt:

What kind of shoes
Are you going to wear
Golden slippers
What kind of shoes
Are you going to wear
Golden slippers
Golden slippers, I'm going to wear
Golden slippers, I'm going to wear
When I go up to live
With my Lord

Going up
Going up
Going up
I'm going up to live
With my Lord [1]

Diese alten Lieder halfen Negersklaven wie unserem Papa zu überleben, weiterzumachen. Sie sind die geistige Kraft in unserem Leben.

Den Herrn loben

Bessie: Wenn wir nach Hause zurückkommen – sei es nach einer langen Reise oder auch nur nach einem Besuch bei unseren Nachbarn – ist unser erster Spruch: »Wir sind zu Hause. Lobe den Herrn.« Wir tun das, um Ihn zu ehren, Ihm dafür zu danken, daß er über uns gewacht hat.

1 Welche Schuhe / Wirst du tragen / Goldene Pantoffeln / Welche Schuhe / Wirst du tragen / Goldene Pantoffeln werde ich tragen / Goldene Pantoffeln werde ich tragen / Wenn ich auffahre zu meinem Herrn / …

Natürlich wünschte ich manchmal, der Herr würde nicht zuschauen, zum Beispiel, wenn ich zuviel rede oder die Beherrschung verliere. Ich versuche, alles richtig zu machen, nicht zu straucheln. Wie Sadie sagt: »Wenn du die Leiter zum Himmel erklimmen willst, mußt du jeden Tag so betrachten, als sei es der Jüngste Tag.«

Ich glaube, Gott sieht ein, daß ich auch nur ein Mensch bin. Er hat mir diesen Mund und ein bestimmtes Temperament gegeben, und so muß ich zwangsläufig Dinge falsch machen. Ich bin mir sicher, daß ich Anerkennung verdiene, weil ich mich bemühe! Aber hin und wieder höre ich mir, einfach um auf dem Wege Gottes zu bleiben, eine altmodische Predigt an, in der es Feuer und Schwefel regnet. Ich bin Mitglied der Episkopalkirche, und ich schätze die besonnenen Predigten, die dort üblich sind – aber nichts kann mich so durchrütteln wie Feuer und Schwefel.

Man muß das Feuer mit Feuer bekämpfen, sage ich immer!

Die köstliche Stunde des Gebets

Sadie: Jeden Tag nehmen wir uns ein wenig Zeit, um mit Gott zu sprechen. Diese Angewohnheit haben wir von Mama. Sie war den ganzen Tag mit der Schule beschäftigt und mußte außerdem noch zehn Kinder großziehen, aber nicht einen einzigen Tag ihres Lebens hat sie es versäumt, eine ganze Stunde dem Gebet zu widmen. Sie hatte einen schönen Schreibtisch, in dem sie ihre persönlichen Sachen aufbewahrte, so auch ihre Bibel und ihr Gebetbuch. Auf dem Tisch standen die Bilder ihrer beiden Helden – Abraham Lincoln und Frederick Douglass –, und wenn sie sich zu ihnen setzte, wußten wir, daß wir sie in Ruhe zu lassen hatten. Das war die Stunde, die sie dem Herrn widmete.
Heute steht Mamas Schreibtisch in unserem Wohnzimmer, und die beiden Bilder hängen über meinem Bett. Sie erinnern uns daran, daß man nie zu beschäftigt, zu belastet oder zu müde ist, um Gott Zeit und Raum in seinem Leben zu geben. Schließlich muß er sich um die ganze Welt kümmern, und doch ist er nie zu beschäftigt, um uns seine Zeit zu widmen!

Die Wege des Herrn

Bessie: Ich bin immer wieder erstaunt, welche Kraft das Gebet hat. Es ist mir stets schwergefallen, gemeine Leute, denen ich begegnet bin, zu vergessen oder ihnen zu verzeihen – diese selbstgerechten Menschen, die wir »rebby boys« nannten. Und dann hieß es: »Bete für jeden einzelnen von ihnen. Setz sie alle an die oberste Stelle auf deiner Gebetsliste.« Dieser Gedanke gefiel mir überhaupt nicht. »*Was?*« sagte ich. »Du willst, daß ich für diese schäbigen, dummen ›rebby boys‹ bete?« Doch vor kurzem habe ich es einmal versucht. Die Worte blieben mir beinahe im Halse stecken. Aber, mein Gott, ich fühlte mich besser danach. Manchmal verstehe ich die Wege des Herrn nicht, aber wer bin ich, daß ich danach fragen dürfte? Ich bin nur irgendwer, und ich weiß es eben nicht.

Wir sind in seiner Hand

Du weißt nie, wann oder wie der Herr in dein Leben eingreift. Hier ein Beispiel: In *Unsere ersten hundert Jahre* haben wir erzählt, wie Papa 1918 eingeladen wurde, eine Gastpredigt in der Christ Church in Raleigh zu halten. Diese Einladung war eine große Ehre für ihn, und so ging die ganze Familie mit, um dem Gottesdienst beizuwohnen. Aber als wir dann hinkamen, schickte man uns oben auf die Balustrade, weil wir farbig waren. Sie ließen uns dort sitzen, wo früher die *Sklaven* hatten sitzen müssen. Und dazu kam noch, daß wir nicht in den Genuß der heiligen Kommunion kamen.

Tja, und als dann unser Buch erschien, was glauben Sie, was da in unserer Post lag? Ein offizieller Entschuldigungsbrief von der Gemeinde jener Kirche! Wir waren richtig gerührt, daß sie sich ganze fünfundsiebzig Jahre später dafür entschuldigten.

Das ist eben das Werk Gottes.

5

In den Himmel kann man nichts mitnehmen

Sparen und Ausgeben

Bessie: Die Wurzel allen Übels ist das Geld. Es gibt Leute, die würden einen für einen Nickel umbringen. Das sind die bemitleidenswertesten Geschöpfe überhaupt.
Wer nur für das Geld lebt, verpaßt das Beste im Leben. Etwas tun, helfen, das macht zufrieden. Es gibt ein altes Sprichwort: »Geld ist nützlich, aber laß nicht zu, daß es dich benützt.«
Papa war schrecklich, was Geld betraf; er war einfach zu großzügig. Wenn damals jemand aus der Nachbarschaft seine Miete nicht bezahlen konnte, wußte er, daß Papa ihm das Geld borgen würde. Schließlich mußte Mama die Sache in die Hand nehmen.
Als die Leute dann allmählich merkten, daß sie von Papa kein Geld mehr bekommen konnten, spielten sie verrückt. Wir hatten einen Vetter, der sagte: »Euer Papa ist so geizig, daß die Freiheitsstatue Shimmy tanzen könnte, und er würde nicht mal einen Nickel bezahlen, um es sich anzusehen.«
Ich glaube, ich habe ein paar Gewohnheiten von Papa übernommen. Als Zahnärztin habe ich nie meine Honorare erhöht. Deshalb bin ich heute immer erstaunt, was die Leute

verlangen. Vor ein paar Jahren hatten wir eine Rechtsanwältin, die hundertfünfzig Dollar die Stunde verlangte! Sie kam zu uns und machte einen großen Wirbel um unseren Garten und noch andere Dinge. Aber ich schnitt ihr das Wort ab. »Entschuldigung«, sagte ich, »aber wenn Sie hundertfünfzig Dollar die Stunde in Rechnung stellen, kann ich mir ein Plauderstündchen nicht leisten!« Nachdem unser Buch erschienen war, fragte sie an, ob sie uns mit einer Freundin besuchen dürfe. »Tja«, sagte ich zu Sadie, »wenn wir zusagen, sollten wir vielleicht von *ihr* hundertfünfzig Dollar die Stunde verlangen! Ha-ha!« Natürlich haben wir nichts verlangt. Ich mußte nie viel von meinen Patienten nehmen, weil wir immer sehr billig gelebt haben. Einmal las Sadie in einer Zeitschrift über eine Frau, die herausgefunden hatte, wie man für 1 Dollar 50 pro Person ein Abendessen für die Familie kochen kann. Daraufhin meinte sie: »Bessie, bestimmt kann ich sie noch unterbieten!« Und so wahr ich hier sitze, sie kam auf 75 Cents pro Person. Der Trick ist, man muß alles selber zubereiten und vernünftig einkaufen. Wir kaufen zum Beispiel immer die Sonderangebote. Und sobald wir zu Hause sind, lagern wir die Lebensmittel sorgfältig, so daß nichts verdirbt.

Vielleicht haben wir deshalb nicht den Wunsch, reich zu

sein, weil wir zur Sparsamkeit erzogen wurden. Es heißt ja, eher geht ein Kamel durch ein Nadelöhr, als daß ein Reicher in das Himmelreich gelangt. Wir wissen, das einzig Notwendige, was man mit Geld erwerben kann, ist Essen und ein Dach über dem Kopf.

Stellen Sie sich folgendes vor: Als junge Frau machte ich eine Schiffsreise nach Jamaika. Es war wunderschön dort! Die Sonne, die Blumen, das blaue Wasser. Alle hatten Zeit, genossen das Leben. Sie verstanden es, gut zu leben! Aber wissen Sie, was? Viele der Menschen dort wollten nach New York. Es war ihr Traum. Sie wollten Geld.

Dazu konnte ich nur sagen: »Merkt ihr nicht, daß ihr bereits habt, was man mit Geld nicht erwerben kann?« Sie hatten es vor sich und waren sich dessen nicht einmal bewußt.

Ich will Ihnen eine Geschichte erzählen. Vor nicht allzu langer Zeit fuhren wir nach New York City, um als Gäste in einer Fernsehshow aufzutreten. Man schickte uns eine Limousine, um uns abzuholen. Es war das größte Auto, das uns jemals unter die Augen gekommen war – eine sogenannte verlängerte Limousine. Wir stiegen ein und setzten uns ganz hinten hin – und plötzlich mußte ich einfach lachen. »Von diesem Auto könnten wir unser ganzes Leben bestreiten!« sagte ich zu Sadie.

Pickles aus der Schale der Wassermelone

Die Schale einer Wassermelone, 2 1/4 Tassen Zucker,
3/4 Tasse Wasser, Gewürze:
1 TL gemischte (Einmach-) Gewürze, 2 Zimtstangen,
1/2 TL Zimt, 1/2 TL Piment,
1 Zitrone, in Scheiben geschnitten, 3/4 Tasse Essig

Die Schale in Salzwasser einweichen. Nach ein paar Stunden die äußere Rinde entfernen. Die Schale in einen bedeckten Topf mit frischem Wasser über Nacht in den Kühlschrank stellen.
Am nächsten Morgen die Schale ein paar Minuten lang in Wasser dünsten. Anschließend gut abkühlen lassen. Mit frischem Wasser bedeckt erneut eine Nacht in den Kühlschrank stellen.
Für einen Liter Pickles 3/4 Tasse Zucker zusammen mit den Gewürzen in 3/4 Tasse Wasser erhitzen, bis sich der Zucker aufgelöst hat. Die Melonenschale in ein 1-1l-Gefäß legen, die Flüssigkeit darübergießen und beiseite stellen.
Am folgenden Tag 1/2 Tasse Zucker und 1/2 Tasse Essig hinzufügen, das Ganze zum Kochen bringen und anschließend

→

vom Herd nehmen. Am nächsten Tag erneut 1/2 Tasse Zucker und 1/4 Tasse Essig hinzufügen
Am letzten Tag 1/2 Tasse Zucker hinzufügen und alles köcheln lassen, bis die Flüssigkeit durchscheinend wird. Anschließend.in saubere, heiße Einmachgläser geben und mit dem Gewürzsud – bis 1,5 cm unter dem Glasrand – aufgießen. Die Gläser in einen Einkochkessel stellen und 10 Minuten lang entsprechend der Gebrauchsanweisung des Herstellers kochen.

Das war zwar scherzhaft gemeint, aber es stimmte. Leute, die sich aus Dingen wie Autos etwas machen, machen sich doch nur das Leben schwer.

Das Beste aus den Dingen machen

Sadie: Seit kurzem ist in unserer Gegend auch das Recyclingsystem eingeführt worden. Da wir aber nie viel Abfall haben, war das kein großes Problem für uns. Alles, was beim Essen übrigbleibt, geben wir unserem Hund, und sonst be-

Maiswein

1 Dutzend ungekochte Maiskolben
4 Liter kochendes Wasser
2 Päckchen Hefe
9 Tassen Zucker

Die Maiskolben in einen Topf geben und das kochende Wasser darübergießen. Das Ganze *lose* mit einem Gazetuch oder einem Geschirrtuch bedecken und 24 Stunden ruhen lassen. Die Maiskolben entfernen und Hefe und Zucker zufügen. Erneut bedecken und 9 Tage stehen lassen. Dann die Flüssigkeit durch ein Gazetuch seien, lose bedecken und an einen kühlen Platz stellen, bis sie gegoren ist, was bis zu 10 Wochen dauern kann.

nützen wir sowieso alles mehrmals. Zum Beispiel Papiertücher, mit denen wir verschüttetes Wasser aufgewischt haben. Wir legen sie zum Trocknen hinaus und benützen sie wieder. Wir werfen sie nicht weg. Wir werfen gar nichts weg – nicht einmal Maiskolben oder die Schale von Wassermelonen. Wir machen Wein oder die besten Pickles daraus, die Sie jemals gegessen haben.

Scheu keine Ausgaben für Mama

Bessie: Es gibt allerdings ein paar Dinge, für die es sich lohnt, Geld auszugeben. Zum Beispiel, als Mama in den Neunzigern war, brauchte sie spezielle orthopädische Schuhe. Der Mann im Schuhgeschäft tat, als wären Sadie und ich verrückt, weil wir für Mama die *besten* Schuhe wollten. Er meinte wohl: Warum soviel Geld für jemanden ausgeben, der schon so alt ist und jeden Tag sterben könnte? Das machte mich wütend! Also gingen wir in ein anderes Geschäft und kauften Mama das beste Paar Schuhe, so wie wir es vorgehabt hatten. Wir hatten nicht viel, aber für Mama die Dinge zu besorgen, die sie brauchte, war eben keine Geldverschwendung.

Was Geld betrifft …

1.

Reden Sie nie über Geld.

2.

Beschränken Sie sich auf wenige Besitztümer. Je mehr Sie besitzen, um so mehr Zeit müssen Sie darauf verschwenden, sich darum zu kümmern.

3.

Geben Sie nicht aus, was Sie nicht haben. Vergessen Sie Kreditkarten – sie sind Teufelswerk!

4.

Leben Sie nicht über Ihre Verhältnisse. Wenn Sie weniger verdienen, müssen sich auch Ihre Ausgaben verringern.

5.

Geben Sie von jedem Dollar, den Sie haben, die ersten zehn Cents dem Herrn, die zweiten zehn Cents legen Sie für harte Zeiten auf die Bank. Der Rest steht Ihnen zur freien Verfügung – aber Sie sollten ihn mit Verstand ausgeben.

6.

Wenn Sie einmal Ihr hart verdientes Geld auf die Bank gebracht haben, lassen Sie es dort! Geschäftstüchtige Leute legen es an, und dann haben Sie immer etwas, womit sie Unsinn machen können.

7.

Bringen Sie Ihren Kindern vom ersten Tag an bei, Geld zu sparen. Geben Sie Ihren Kind ein Taschengeld, damit es lernt, verantwortlich damit umzugehen. Ein Kind, das zu Hause nicht gelernt hat zu sparen, wird sein ganzes Leben lang Geldschwierigkeiten haben.

Das einzig Wahre

Sadie: Billig zu leben fällt uns überhaupt nicht schwer. Man braucht ein bißchen mehr Zeit, aber es gibt ein paar Dinge – Seife aus dem Geschäft zum Beispiel –, die eine Menge Geld kosten und einfach nicht so gut sind, wie wenn man sie selber macht. Ich habe in meinem Leben kein einziges Stück Seife gekauft! Ich mache sie selbst, und wir benützen sie im Bad, für die Wäsche und sogar zum Zähneputzen! Selbst meine Nachbarn schwören auf meine Seife. Da war mal ein kleines Mädchen mit empfindlicher Haut, und seine Mutter sagte, meine Seife wäre die einzige, mit der es ihr besser ginge.

Wenn Sie selber Seife machen wollen, dann müssen Sie eins beachten. Beim letzten Mal hatte ich die Seife draußen auf die Veranda in die Sonne gelegt, und da bemerkte Bessie diesen Nachbarskater, der herumstreunte. »Sadie«, sagte sie, »dieser Kater schnüffelt an deiner Seife herum!« Ich hatte Angst, er würde vielleicht etwas mit der Seife anstellen, wo wir doch soviel Arbeit damit gehabt hatten. Aber keine Sorge, wir haben ihn verjagt.

Sadies Seife

Einige der folgenden Zutaten, zum Beispiel Lauge, sind giftig, seien Sie also vorsichtig. Vergewissern Sie sich, daß sich in der Küche keine kleinen Kinder aufhalten!

6 Pfund Schmalz, geschmolzen und gereinigt (oder 3 Pfund Schmalz und 3 Pfund Oliven-, Kokosnuß- oder anderes gutes Öl), 1 Tasse Borax, 1/2 Tasse Wasser gekocht, 2 TL Zucker, 1 TL Bleichsoda, 1 Tasse Ammoniak, 370 g reine Lauge, 1 l Wasser, wahlweise 55 g Glycerin oder 2 bis 4 TL Duftöl, z. B. Nelkenöl, 2 Tassen Haferflocken

1 l Wasser in eine Porzellanschüssel geben und die Lauge darin auflösen. Beiseite stellen, bis die Lösung nur mehr lauwarm ist. Das kann ein paar Stunden dauern.

Das beim Kochen entstandene Schmalz (man kann es auch aus Fett herstellen, das man beim Metzger gekauft hat) durch ein Gazetuch seihen, um auch kleine Fleischreste daraus zu entfernen. (Wenn man die Hälfte durch flüssiges Fett ersetzt, erhält man die beste Seife.)

Borax in eine Porzellanschüssel geben. 1/2 Tasse gekochtes Wasser, Zucker und Bleichsoda hinzufügen.

Anschließend Ammoniak und gleich darauf die in Wasser gelöste Lauge hinzugeben (diese darf wirklich nur noch mäßig

→

warm sein – um das zu prüfen, halten Sie dazu nur die Hand darüber, auf keinen Fall den Finger hineinstecken!). Dann das geschmolzene Fett in drei Teilen unter ständigem Rühren hinzufügen, bis eine dicke cremeartige Masse entsteht. (Sowohl Fett als auch Lauge müssen lauwarm sein, damit eine gute Seife entsteht.)

Für Gesichtsseife Glycerin und Duftöl hinzufügen, sobald die Masse zähflüssig ist. Manchmal geben wir noch 2 Tassen Haferflocken hinzu, die wir in einem Mixer zerkleinert haben, um der Seife Festigkeit zu geben.

Anschließend die Seife in Pappschachteln legen, die mit Plastikfolie ausgelegt sind. Wenn die Seife fest geworden ist, in Quader schneiden und in die Sonne legen, bis sie weiß gebleicht ist. So kann sie dann gelagert werden.

Das Schöne an dieser Seife ist, daß sie schwimmt!

Manchmal sind die alten Methoden immer noch die besten. Mit nichts bekommt man Wäsche so sauber wie mit einem Waschbrett, und selbstgemachte Seife ist einfach nicht zu überbieten.

6

Das Wichtigste zuerst

Wenn es nur einem einzigen Menschen hilft

Fast jedes Problem auf dieser Welt ließe sich zu Hause lösen, wenn die Leute nur richtig erzogen würden. Es gibt nichts Wichtigeres, als gute Eltern zu haben, die ihre Kinder lieben, aber auch streng sind. Wir waren zehn Kinder, aber unsere Eltern waren trotzdem nie zu beschäftigt, um sich auch um andere zu kümmern. Ja, unser Familienmotto lautete: »Es ist deine Aufgabe, anderen zu helfen.« Mama sagte immer: »Wenn es nur einem einzigen Menschen hilft, ist es die Sache schon wert.«

Als wir noch Kinder waren, gab es im Saint Aug's eine Schülerin, die so starkes Heimweh hatte, daß sie nur dasaß und weinte. Sie hieß Josephine. Diese Josephine wollte schon aufgeben und zu ihrer Familie zurückkehren. Schließlich sagte Mama: »Willst du nicht bei uns wohnen?« Und so zog sie zu uns und beendete die Schule. Sie ist unserer Familie treu geblieben. Sie arbeitete nämlich später als Kindermädchen bei unserem Bruder Lemuel, der Arzt war.

Mama und Papa haben uns auf diese Weise ein Beispiel gegeben, und wir haben uns unser ganzes Leben bemüht, ihm zu folgen. Und wissen Sie, was sie uns noch lehrten? Daß die Hautfarbe keine Rolle spielt. Es gab damals im Saint Aug's einen weißen Missionar, dessen kleines Baby unter schwerem Wundsein litt. Die Frau wußte sich keinen Rat mehr. Da sagte Mama: »Ich weiß, was man da machen kann.« Und sie nahm das Kind, badete und puderte es, und nach ein paar Tagen war alles wieder gut. Mama hat sich um dieses weiße Baby gekümmert, als wäre es ihr eigenes.

Als Bessie an der Columbia University Zahnmedizin studierte, war sie einmal mit farbigen Freunden unterwegs. Sie fanden in der U-Bahn einen Betrunkenen, der zusammengebrochen war. Als sie stehenblieb, um ihm zu helfen, sagten die anderen: »Was kümmert er dich. Ist doch ein Weißer.« Aber sie sagte nur: »Seht ihr nicht, daß er Hilfe braucht?«

Wir betrachteten die Leute nicht als Schwarze oder Weiße. Dieses Zeug mit den Rassen ist die pure Dummheit! Und der Kampf zwischen den Religionen ist genauso verrückt. Papa wurde immer sehr ärgerlich, wenn er antisemitische Äußerungen hörte. Er duldete es nicht. »Die Juden sind Gottes auserwähltes Volk«, sagte er. »Wer bist du, der du nicht einmal einen Floh zustande brächtest, daß du so wenig Achtung vor Gott hast und Kritik an den Juden übst?«

Die Welt ist voller netter Menschen, egal, welche Hautfarbe

oder Religion sie haben. Wie Mama zu sagen pflegte, es ist deine Aufgabe, sie zu finden.

Die gute Kinderstube

Sadie: Ich komme einfach nicht darüber hinweg, daß in New York soviel Abfall auf den Straßen herumliegt. Die Leute essen ein Sandwich und werfen das Papier einfach auf den Boden. Sie meinen vielleicht, man solle sich über solche Kleinigkeiten nicht aufregen, aber das sind keine Kleinigkeiten. In solchen Dingen offenbart sich der Charakter eines Menschen – nämlich daß er sich auch sonst um nichts kümmert. Das sind schlicht und einfach schlechte Manieren!
Wir verabscheuen schlechte Manieren! Mit »Manieren« meine ich nicht, daß man bei Tisch die richtige Gabel oder den richtigen Löffel benutzt. Ich spreche lediglich vom Akt der Rücksichtnahme, was sich ganz einfach anhört – und es ist auch wirklich nicht schwer, aber die meisten Leute versuchen es nicht einmal.
Hier ein Beispiel: Einmal besuchte uns eine Freundin. Wäh-

rend wir uns unterhielten, klingelte es an der Tür, und unsere Freundin stand auf, um zu öffnen. Es war ein Nachbar und – Sie werden es nicht glauben – er stürmte einfach herein und schnappte sich ihren Stuhl. Setzte sich einfach hin, so daß sie stehen mußte. Jeder konnte sehen, daß es für sie keine Sitzgelegenheit mehr gab. Er aber bemerkte es nicht einmal!

Als er aufstand und ging, war Bessie auf hundertachtzig. »Wie kann man nur so ungehobelt sein?« sagte sie. Aber ich mußte sie darauf hinweisen – und sie gab mir recht –, daß es nicht allein seine Schuld war. Er hatte einfach eine schlechte Kinderstube gehabt.

Man muß seinen Eltern den Vorwurf machen, daß sie ihm nicht die Grundregeln der Höflichkeit beigebracht haben – nämlich zu merken, wenn man jemand anderem Unannehmlichkeiten bereitet hat. Wenn man das frühzeitig lernt, wird Rücksichtnahme zur Gewohnheit, etwas, das sich automatisch einstellt. Erwachsene können das später kaum mehr lernen.

Unsere Familie im Jahre 1901. Wir beide stehen in der hinteren Reihe. Als wir aufwuchsen, hatten wir kein bißchen Geld, dafür aber gute Eltern, viel Liebe und ein Dach über dem Kopf. Eine schöne Kindheit gehört zu den größten Freuden im Leben, und wir haben unsere nie vergessen.

Beichten

Bessie: Eins der großen Geschenke meiner Eltern an mich war ein Gewissen, die Fähigkeit, zwischen richtig und falsch unterscheiden zu können. Das ist einem nicht angeboren. Es entwickelt sich erst, indem man Erwachsene beobachtet, aber noch entscheidender ist, daß man selbst daran arbeitet.

Und so war das bei uns: Jeden Abend, bevor wir zu Bett gingen, sagte Papa, wir sollten schweigen und über unsere Taten an diesem Tag nachdenken. Dann bat er uns der Reihe nach, die häßlichen Dinge zu beichten. Das ist der erste Schritt – die Bereitschaft, sich seine Fehler einzugestehen.

Der nächste Schritt ist, den Herrn um Vergebung für jeden Fehltritt zu bitten. Sich dazu zu bekennen trägt nämlich dazu bei, daraus zu lernen. Und es verhindert, daß man Fehler übersieht!

Der letzte Schritt ist für mich der schwierigste. Ich sage immer: »Vergeben ist nichts im Vergleich zum Vergessen.« Es ist schon schlimm genug, wenn man seine Missetaten dem Herrn vortragen muß, aber sich zu entschuldigen – ich konnte das nicht ausstehen! Das Schlimmste war, wenn Papa

sagte, wir sollten unsere Geschwister küssen und uns wieder mit ihnen vertragen. Und um das zu vermeiden, tja, da mußte ich einfach gut sein!
Ich wette, das ist genau der Grund, warum Papa das verlangte.

Sadie: Dies ist ein Foto von meiner Abschlußklasse an der Saint Augustine's School, aufgenommen 1910. Ich bin die dritte von rechts. Wenn man eine Ausbildung bekommt, nützt das nicht nur einem selbst; man hat auch einen positiven Einfluß auf seine Umgebung.

THE·TRUSTEES·OF·COLUMBIA·UNIVERSITY
IN·THE·CITY·OF·NEW·YORK
TO·ALL·PERSONS·TO·WHOM·THESE·PRESENTS·MAY·COME·GREETING
BE·IT·KNOWN·THAT
SARAH·LOUISE·DELANY
HAVING·COMPLETED·THE·STUDIES·AND·SATISFIED·THE·REQUIREMENTS
FOR·THE·DEGREE·OF
BACHELOR·OF·SCIENCE
HAS·ACCORDINGLY·BEEN·ADMITTED·TO·THAT·DEGREE·WITH·ALL·THE RIGHTS·PRIVILEGES·AND·IMMUNITIES·THEREUNTO·APPERTAINING
IN·WITNESS·WHEREOF·WE·HAVE·CAUSED·THIS·DIPLOMA·TO·BE SIGNED·BY·THE·PRESIDENT·OF·THE·UNIVERSITY·AND·BY·THE·DEAN·OF TEACHERS·COLLEGE·AND·OUR·CORPORATE·SEAL·TO·BE·HERETO·AFFIXED IN·THE·CITY·OF·NEW·YORK·ON·THE·TWENTY·FIFTH·DAY·OF·FEBRUARY IN·THE·YEAR·OF·OUR·LORD·ONE·THOUSAND·NINE·HUNDRED·AND TWENTY

DEAN

PRESIDENT

Sadie: Diese Abbildung zeigt mein Diplom von der Columbia University aus dem Jahre 1920.

CROWLEY, JAMES A. *Psi Omega*

Hoboken High School; Wm. Carr Dental Society.

Another member of the gang.
Ah, Jimmy dear, your dome shines bold
But all that glitters is not gold.

DELANEY, ANNIE E. *Delta Sigma*

St. Augustine's School.

Way down deep
In one of the warm
Remote corners of all our hearts
We shall carry with us
Into the prosaic practical
World of Dentistry,
The memory of
A perfect lady.
Bessie Delaney.

1923

Bessie: Dies ist mein Foto im Jahrbuch der Fakultät für Zahn- und Mundchirurgie sowie mein Diplom von der Columbia University aus dem Jahre 1923. Ich war die einzige Schwarze in meinem Jahrgang und fühlte mich furchtbar einsam, ließ mich dadurch aber nicht aufhalten. Ich wollte die beste Zahnärztin aller Zeiten werden. Die Leute sagten: »Aber sie ist eine Frau und außerdem eine Farbige.« Ich aber war fest überzeugt: »Ha! Euch werde ich es schon zeigen.«

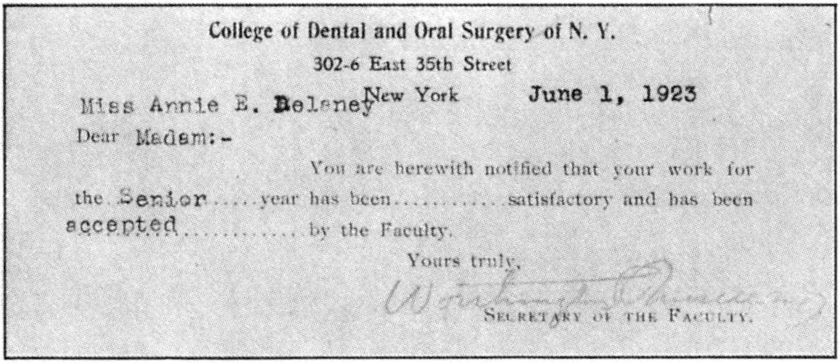

College of Dental and Oral Surgery of N. Y.
302-6 East 35th Street
New York June 1, 1923

Miss Annie E. Delaney

Dear Madam:-

You are herewith notified that your work for the Senior ..... year has been .... satisfactory and has been accepted .... by the Faculty.

Yours truly,

SECRETARY OF THE FACULTY.

Wenn es um Kinder geht

Wenn wir an unsere Brüder und Schwestern denken, die wir versorgt, und an all die Kinder, denen wir im Lauf der Zeit geholfen haben, dann fühlen wir uns, als hätten wir die ganze Welt aufgezogen.

Sadie: Wenn es um Kinder ging, bin ich immer weich geworden. Ich fand schon früh heraus, daß sie alles für mich taten, wenn ich nur nett zu ihnen war. Aber nett sein heißt nicht, alles durchgehen zu lassen. Kinder müssen Disziplin und Verantwortung lernen. Die Leute fragten Mama im-

Unsere Familie auf einem Dach in Harlem während der zwanziger Jahre. Ein Kriterium für enge Familienbande ist, wie sehr die Kinder auch als Erwachsene noch Kontakt miteinander haben. Wir waren zehn, und bis auf einen zogen alle nach dem Ersten Weltkrieg nach Harlem. Über uns sagte man immer: »Man sieht nie einen Delany allein. Wo einer ist, ist mindestens ein zweiter.«

mer: »Wie kommt es, daß Ihre Mädchen niemals Schwierigkeiten haben?« Und dann antwortete Mama: »Ich halte sie auf Trab.«
Wenn Sie richtig leben, stehen die Chancen gut, daß Ihre Kinder es auch tun werden. Aber Sie müssen ihnen alles beibringen. Was Sie ihnen nicht beibringen, werden sie von anderen lernen – und dieser Unterricht behagt Ihnen womöglich gar nicht!

Bessie: Am meisten brauchen Kinder Liebe und Aufmerksamkeit. Das heißt nicht, daß man sie verwöhnen oder sich von ihnen herumkommandieren lassen soll. Es heißt nicht, sie tun zu lassen, was sie wollen. Nein. Man soll sich zu ihnen setzen, ihnen zuhören, sie anschauen. Viele Leute schauen ihre Kinder nicht einmal an.
Das Wichtigste ist, daß man seinem Kind Mitgefühl beibringt. Ein vollständiger Mensch ist man erst dann, wenn man sich in andere hineinversetzen kann.

Ein Wort über Bitterkeit

Farbige Eltern sollten darauf achten, die Herzen ihrer Kinder nicht mit Zorn zu füllen. Wenn Ihr Kind auf Vorurteile stößt, sagen Sie einfach zu ihm: »Manchmal geht es ganz schön gemein zu auf dieser Welt.« Dann umarmen Sie es fest und gehen wieder zum Alltag über.

Es ist verständlich, wenn die Farbigen in Bitterkeit verfallen. Das Problem ist nur, daß sich dadurch rein gar nichts ändert. Es verdirbt ihnen nur das Leben. Wenn wir verbittert und haßerfüllt gewesen wären, hätten wir niemals ein so angenehmes Leben führen können. Manchmal ärgern wir uns furchtbar, aber zwischen Wut und Bitterkeit besteht ein himmelweiter Unterschied.

Wie Papa immer sagte: »Sie können dich ausschließen, aber sie können nicht bestimmen, was du denkst. Was immer sie auch tun, dein Kopf gehört dir.«

Unnötige Sorgen

Leute, die eine Mischehe eingehen, machen sich meist große Sorgen um ihre Kinder. Sie fürchten, daß sie zwischen den beiden Rassen wählen müssen und eine sogenannte »Identitätskrise« bekommen.
Nun, auch wir sind halb weiß und halb Neger – unsere Mama war vorwiegend weiß – und haben trotzdem keine Identitätskrise. Wir sind einfach wir selbst, das ist alles! Wir sind stolz auf uns. Und wir betrachten uns als Farbige.
Deshalb haben wir nichts gegen Beziehungen zwischen Menschen verschiedener Rasse. Wenn zwei Menschen zusammen glücklich werden können in dieser Welt, was macht es da schon, welche Hautfarbe sie haben?
Unser Rat an Eltern, deren Kinder Mischlinge sind: Vermitteln Sie ihnen nicht das Gefühl, daß das ein Problem sein könnte. Unsere Eltern haben sich nie den Kopf darüber zerbrochen, jedenfalls nicht in unserer Gegenwart. Vielleicht machen wir uns deshalb ebenfalls keine Gedanken darüber.

Ein Wort an die Jugend

1.

Schafft euch nicht zu früh Kinder an – das heißt, bevor ihr verheiratet seid! Kinder großzuziehen ist das Schwierigste überhaupt. Es ist Selbstsucht, wenn man einem Kind die besten Chancen im Leben verbaut, und es ist dumm, sich selbst die Zukunft zu verbauen.

2.

Macht die Schule zu Ende. Ein Abschlußzeugnis ist für euch vielleicht nichts weiter als ein Blatt Papier, aber es ist viel mehr wert als alles Papiergeld der Welt. Egal, was euch das Leben bringt – ob ihr eure Ersparnisse verliert oder das Dach über dem Kopf –, eine Ausbildung ermöglicht euch einen Neuanfang. Sie ist das einzige, was euch niemand mehr nehmen kann.

3.

Laßt euch nicht mit Drogen oder mit Leuten ein, die mit Drogen zu tun haben! Sie bringen euch nur in Schwierigkeiten.

4.

Habt keine Angst, zu versagen. Man kann immer etwas dabei lernen.

7

Freunde

Für Freunde ist immer Platz

Sadie: Freunde. Was sind Freunde? Die wichtigsten Menschen der Welt: deine Nachbarn und die Verwandten zu Hause. Oder vielleicht ein ganz bestimmter Mensch, der neu in dein Leben tritt. Es ist ein großes Kompliment, wenn jemand sagt: »Der Soundso ist mein Freund!«
Natürlich wissen wir unsere Freunde zu schätzen. Wir haben immer viele Freundschaften gehabt, viele gingen bis auf die Zeit in Saint Aug's zurück. Und einige dauerten länger, als die meisten Menschen leben. Eine unserer engsten Freundinnen hieß Elizabeth Gooch oder einfach »Gooch«, wie wir sie nannten. Sie war unverheiratet und lebte mit ihrer Schwester zusammen, genau wie wir. Als diese starb, meinte Bessie: »Wir sollten in den Zug steigen und runter nach Covington in Kentucky fahren, um nachzusehen, wie es unserer alten Gooch geht.« Also packten wir unsere Koffer und machten uns auf den Weg. Gooch ging es anscheinend ganz gut, sonst hätten wir sie mit uns nach New York genommen, damit sie bei uns wohnt. Das sind so die Dinge, die Freunde füreinander tun.
Um wirklich glücklich zu sein, braucht man Gesellschaft –

andere Leute und am besten eine zentrale Person. Es muß nicht der Ehemann oder die Ehefrau sein. Es kann ein Freund oder, wie bei uns, eine Schwester sein. Einer Schwester kann man vertrauen, man kann Geheimnisse mit ihr austauschen und mit ihr über die eigenen Probleme reden. Wenn man Streit miteinander hat, versöhnt man sich wieder. Mit der eigenen Schwester, das währt ewig. Wie wir zu sagen pflegen: Wir waren uns immer gegenseitig die beste Freundin.

Inzwischen haben wir fast alle unsere Bekannten überlebt; viele von unseren neuen Freunden sind viel jünger als wir. Aber das macht nichts, solange man sich für dieselben Dinge interessiert und, was genauso wichtig ist, denselben Humor hat. Und wissen Sie, was? Von jüngeren Leuten kann man eine Menge lernen. Sie halten einen auf dem laufenden. Also schließen wir Freundschaften, wo immer wir können!

Einmal sprachen wir über unser Alter und daß wir vielleicht bald sterben würden, und das machte eine unserer jüngeren Freundinnen traurig. »Ich werde euch dann bestimmt vermissen«, sagte sie. »Mach dir keine Sorgen Kind«, meinte Bessie darauf. »Wenn dich irgendwer ärgert, werde ich ihn einfach aus dem Jenseits mit einem Fluch belegen!«

Ja, wir wissen, wie wir auf unsere Freunde aufpassen!

Gold wert

Bessie: Sich um die Freunde kümmern, das hat mit Treue zu tun. Es ist eine der wunderbarsten Eigenschaften, die ein Mensch besitzen kann und – jawohl – eine der seltensten. Ich muß aber sagen, daß wir verdammt viel Glück gehabt und echte, treue Freunde gefunden haben. Zum Beispiel unsere Freundin Lulu. Sie stammt von der Saint Simons Isle, Georgia, und war Krankenschwester. Immer wenn es Probleme bei uns gab, etwa als Mama krank wurde, besuchte uns Lulu und half uns aus der Patsche. Wir mußten sie nicht einmal darum bitten.

Lulu ist vor nicht allzu langer Zeit gestorben, und ihre Nichte schickte uns zwei wunderschöne gehäkelte Wollteppiche, die Lulu kurz zuvor fertig gemacht hatte. »Ich glaube, niemand würde sich mehr darüber freuen als Sie beide«, schrieb sie dazu. Sie hatte recht!

Wenn Sie Freunde wie Lulu finden – Leute, denen Sie vertrauen können und die immer zur Stelle sind, wenn man sie wirklich braucht – halten Sie sie fest. Sie sind auf eine Goldader gestoßen!

Der Gast ist König!

Sadie: Es gibt nichts Schöneres, als Freunde zu Gast zu haben. Wir benutzen immer die Hintertür unseres Hauses, und die Leute, die wir oft sehen, unsere Nachbarn zum Beispiel, benutzen sie ebenfalls. Die Vordertür ist nur für unsere Gäste bestimmt. Als Zeichen der Ehre – um ihnen zu zeigen, daß sie etwas Besonderes sind. Wenn Besuch kommt, lassen wir alles stehen und liegen. Für uns ist der Gast König!

Wir haben immer mehr als genug Besuch bekommen. Das ist ein Kompliment an uns! Es gab Zeiten, da haben wir mindestens vier Kuchen pro Woche backen müssen für unsere Gäste. Einer davon war immer ein Schokoladenkuchen und einer ein Früchtekuchen, die anderen beiden variierten. Hier das Rezept für den Früchtekuchen.

Sadies Früchtekuchen

1 Tasse Butter, 1/2 Tasse Backfett
2 1/2 Tassen Zucker
4 Tassen Mehl (3 Tassen Auszugsmehl, ungesiebt;
1 Tasse normales Mehl)
1 TL Salz, 1/2 TL Backpulver, 1 TL Muskat
2/3 Tasse Milch
1 TL Vanilleextrakt, 1 TL Zitronenextrakt
1 TL Mandelextrakt
6 Eier, 1/4 Tasse Pflanzenöl

Alle Zutaten eine Stunde vorher aus dem Kühlschrank nehmen, so daß sie, wenn Sie anfangen, Raumtemperatur haben. Alles bis auf die Eier und das Öl in eine Rührschüssel geben und 5 Minuten lang mit der Hand oder bei niedriger Geschwindigkeit mit dem elektrischen Rührgerät schlagen. Bei höherer Geschwindigkeitsstufe die Eier nacheinander hinzugeben. Zuletzt das Öl hinzufügen und die Masse weitere 5 Minuten schlagen. In eine gefettete Form füllen und bei 160° C 40 Minuten lang backen. Dann die Temperatur auf 180° C erhöhen und den Kuchen weitere 20 Minuten backen. Es sollte keine Mulde entstehen, wenn man mit dem Finger daraufdrückt.

Die besten Freunde

Bessie: Tiere können die besten Freunde sein. Einer meiner besten Freunde ist mein Hund. Er ist ein Streuner, er taugt nichts, aber ich mag ihn. Jeden Abend gebe ich ihm etwas von meinem Essen ab. Er bekommt immer das Beste, und ich füttere ihn, bevor ich anfange. Aber mein kleiner Hund macht manchmal auch ganz schön Ärger. Einmal habe ich ihn im Keller eingesperrt, weil er ungezogen war, und wissen Sie, was dieser Gauner da gemacht hat? Er biß sämtliche Lederknöpfe von meinem besten Kleid, das im Keller auf einer Wäscheleine hing. Da habe ich geschimpft und zu ihm gesagt: »Deine früheren Herrchen wollten dich loswerden. Wahrscheinlich hatten sie recht damit!«
Aber ich habe das nicht wirklich ernst gemeint. Ich mußte ihm nur ein wenig die Meinung sagen.

Sadie: Bessie führt einen ständigen Kampf mit diesem kleinen Hund. Er ärgert sie ständig. Wenn er sich versteckt und Bessie ihn ruft, kommt er nicht. »Bessie«, sage ich dann, »merkst du das denn nicht? Er will nicht herauskommen, weil er weiß, daß du ihn bestrafen wirst.« Also rufe ich ihn,

und dann kommt er heraus und versteckt sich hinter mir. Das macht Bessie wütend!
Aber sie verzeiht ihm jedesmal. Die beiden lieben sich geradezu. Manchmal denke ich, Bessie liebt Tiere genauso wie Menschen!

Bande, die uns zusammenhalten

Sadie: Wissen Sie, manchmal sind es gerade die einfachsten Dinge, die die Menschen am stärksten miteinander verbinden – gemeinsame Erinnerungen zum Beispiel, und seien sie auch noch so albern. Als Kinder hatten wir ein schwarzes Kätzchen mit einem langen schwarzen Schwanz, der aufrecht stand. Bessie spielte furchtbar gern mit diesem Kater, aber er lief immer davon. Als er wieder einmal vor Bessie floh und sie hinter ihm herjagte, rief sie mir zu: »Fang ihn, Sadie! Pack ihn am *Henkel*!«
Ein anderes Mal, als Bessie noch in ihrem Kinderstühlchen saß, fütterte Mama sie und unterhielt sich dabei mit jemandem. Ohne genau hinzusehen, steckte sie Bessie einen Löffel

nach dem anderen in den Mund. Bessie wurde allmählich nervös – sie haßt es, wenn man sie ignoriert –, und außerdem war sie wahrscheinlich satt. Doch sie sagte: »Mehr, Mama! Mehr!« Wir müssen heute noch darüber lachen.

Das ist jetzt alles schon über 100 Jahre her, aber ich ziehe Bessie noch immer gern damit auf. Je älter man nämlich wird, um so mehr Freude machen einem die lustigen Kleinigkeiten. Man erinnert sich immer wieder gern an sie. Solche Geschichten machen die Familie und Freundschaften so wertvoll, und ich denke gern an sie.

Gebraucht werden

Bessie: Manche Menschen, besonders alte, neigen dazu, sich zurückzuziehen. Sie haben Angst davor, ihre Nachbarn kennenzulernen, oder haben kein Interesse daran. Sie kapseln sich ab. Das ist ein großer Fehler! Man weiß nie, wann man andere Leute braucht, und man muß sich ihre Hilfe verdienen. Man muß etwas zur Gemeinschaft beitragen.

Das hat Papa uns gelehrt. Er war so rücksichtsvoll, daß er in der Nachbarschaft einkaufte, selbst wenn es woanders billiger war. Selbst in jenen Zeiten, als schon ein paar Cents viel ausmachten, war es ihm wichtiger, die Nachbarn zu unterstützen, als Geld zu sparen.
Die Bibel sagt, man solle *alle* seine Nächsten lieben. Manchmal ist das nicht leicht! Am schlimmsten sind die Leute, die neugierig sind, aber selbst nichts von sich preisgeben. Einmal wohnte so eine Frau nicht weit von uns. Sie kam ohne Vorankündigung vorbei, fragte uns alles mögliche, was uns in Verlegenheit brachte, und dachte sich dann so ihren Teil. Sadie hielt sich einfach von ihr fern, aber mich machte sie verrückt. Natürlich bin ich selbst auch manchmal neugierig und überheblich!
Ein bißchen Neugier ist ja auch gar nicht schlecht. Wir sind schon lange pensioniert und hocken den ganzen Tag zu Hause. Aber unsere Nachbarn sind froh, daß wir die Straße im Auge behalten. Wenn wir zum Beispiel fremde Autos sehen oder Leute, die nicht zu unseren Nachbarn gehören – ist doch möglich, daß sie nichts Gutes im Schilde führen. Wir sind so was wie eine »Nachbarschaftswache«, und wenn uns etwas verdächtig vorkommt, holen wir Hilfe.
Es gibt hier ein paar berufstätige Eltern, die nicht wollen,

daß ihre Kinder nach der Schule allein zu Hause sind. Wer kann ihnen das vorwerfen? So helfen wir ihnen, indem wir die Kinder bei uns hereinschauen lassen. Ein Mädchen machte sogar immer ihre Schularbeiten an unserem Eßtisch, bis die Eltern nach Hause kamen, und eines Tages kam sie mit ihrer Arithmetikhausaufgabe nicht weiter. »Bring's mal her«, sagte ich. »Vielleicht kann ich dir helfen.« Die Kleine war ganz erstaunt. Sie konnte sich einfach nicht vorstellen, daß zwei alte Damen wie wir arithmetische Aufgaben lösen konnten! Wir zeigten ihr also, wie sie es machen mußte, aber an diesem Tag lernte sie noch etwas viel Wichtigeres als Arithmetik: Sie lernte, offener gegenüber den Menschen zu sein und keine Vorurteile zu haben.

Auf diese Weise tragen wir unser Scherflein bei. Es tut gut, gebraucht zu werden. Es hält uns auf Trab und gibt unserem Leben Sinn. Jeder muß etwas beitragen!

8

Eine Menge Ärger

Männer und Frauen

Bessie: Heutzutage ist der Sex allgegenwärtig, Zeitungen und Fernsehen sind voll davon. Die Kinder kriegen schon alles mit, und so wird früh ihr Interesse daran geweckt. Sie wissen, daß es etwas für Erwachsene ist, also wollen sie es ausprobieren. Sie bekommen den Eindruck, als sei Sex das Allerwichtigste im Leben.

Früher war das anders. Alles, was mit Sex zu tun hatte, war zutiefst privat. Trotz der vielen Brüder, die wir hatten, waren Jungens etwas Geheimnisvolles für uns. Unsere Eltern hielten uns getrennt – die Jungen und die Mädchen hatten jeweils ein Zimmer für sich. Das Bettchen war das einzige auf der Welt, das man ganz für sich hatte. Niemand anderes durfte darin schlafen oder sich tagsüber darauf setzen.

Ich weiß noch, wie ich mit acht oder neun Jahren einmal meine Mutter fragte, ob mein kleiner Bruder Hap bei mir schlafen dürfe. Wir wollten noch vor Morgengrauen aufstehen und wilde Wasserkresse pflücken. Doch obwohl wir die halbe Familie aufwecken mußten, sagte Mama nein. Das tut man einfach nicht.

Als wir älter wurden, hatten wir natürlich unsere Verehrer.

Wir wollten nicht heiraten, weil wir dann unseren Beruf hätten aufgeben müssen – und dafür hatten wir schließlich hart gearbeitet! Ein Mann, der mich heiraten wollte, war Dean, ein Zahnarzt aus Brooklyn, dessen Familie ein Haus in Sag Harbor besaß. Aber er gab es schließlich auf und sagte: »Ich glaube, es ist gut so. In deiner Familie leben die Leute alle lange, während meine eher früh sterben. Womöglich würdest du eine Ewigkeit als Witwe leben müssen.« Und er hatte recht. Dean starb schon mit sechsundvierzig Jahren.
Und dann war da dieser Arzt aus Philadelphia, Dr. MacDougald, der unbedingt Sadie heiraten wollte. Seine erste Frau war gestorben, und er hatte eine kleine Tochter, die bis heute Kontakt zu Sadie gehalten hat. Doch Heiratsantrag hin oder her, wir hatten immer so viel Selbstachtung, daß wir uns wie Damen betrugen. Und so behandelten uns diese Männer auch höchst anständig. In dieser Welt mag sich viel verändert haben, die Männer sind nahezu gleich geblieben. Heutzutage könnten die Frauen viel weiter kommen, wenn sie mehr Selbstachtung und Anstand an den Tag legten.
Ich will Ihnen eine lustige Geschichte dazu erzählen. Vor nicht allzu langer Zeit habe ich mir bei der Gymnastik einen Muskel gezerrt, und als sich das herumgesprochen hatte, kam einer unserer Nachbarn – ein Mann – zu uns und bot

mir eine *Massage* an. Jawohl! Er wollte meinen ganzen Körper vom Hals bis zum Hintern massieren. Zum ersten Mal in meinem Leben war ich sprachlos. »O nein, danke!« war alles, was ich sagen konnte. Als er wieder fort war, brachen Sadie und ich in Lachen aus, und ich sagte: »Dieser Mann ist ja verrückt! Kein Mann wird jemals Bessie Delanys Rücken massieren! Das habe ich als junges Mädchen nicht zugelassen, und bestimmt werde ich jetzt nicht damit anfangen, o nein!«

Der Wirbel um die Kerle

Sadie: Wir hatten sechs Brüder, Sie können mir also glauben, daß wir über die Männer Bescheid wissen. Sie wollen immer, daß man sich über sie ärgert. Einmal zog einer unserer Brüder zu uns. Seine Frau war gestorben, und es tat uns leid, ihn so einsam zu sehen. Deshalb nahmen wir ihn bei uns auf. Bessie räumte ihr Zimmer, und er stellte sein ganzes Zeug hinein – typischen Männerkram wie Gewehre und solchen Unsinn. Das reichte eigentlich schon, aber als er dann anfing, an allem herumzumäkeln, trieb er uns beinahe zum Wahnsinn. Ständig beklagte er sich: »Schon wieder Hähnchen zum Mittagessen?« Wir waren sehr erleichtert, als er wieder heiratete und auszog. Wir hatten schlicht und einfach genug von ihm.

Aber es gibt noch schlimmere Dinge, bei denen die Frauen aufpassen müssen. Es gibt unzählige Männer, die nur auf zweierlei aus sind: Sex und Geld. Als unser Papa 1928 im Sterben lag, mußte Bessie so schnell wie möglich mit dem Zug von Harlem nach Raleigh fahren. Sie schloß gerade die Tür ihrer Praxis hinter sich, als ein Freund von ihr auftauchte und sie um Geld bat. Sie sagte: »Das bißchen Geld, das ich habe, brauche ich, um meinen Papa auf dem Sterbebett zu sehen.« Wissen Sie, was dieser Schurke gesagt hat? »Aber du mußt doch noch mehr Geld haben. Du arbeitest wie ein Stier, du gehst selten aus, und du kleidest dich nicht einmal gut.« Heute fragt sie sich, warum sie diesem Kerl nicht einfach eine geschmiert hat. Der dachte wohl, er wäre weiß Gott wer?

Wir waren gutaussehende Mädchen, und das brachte uns ständig in Schwierigkeiten. Männer bedeuten eine Menge Schwierigkeiten, einfach nichts als Schwierigkeiten. Damit wollen wir nicht sagen, daß Männer immer unrecht haben.

Auch Frauen sind nicht vollkommen. Viele suchen sich die falschen Männer aus – gutaussehende Dandys, Männer mit Geld, Unternehmer, die ihnen Flöhe ins Ohr setzen. Man muß als Frau schon ziemlich schlau sein, um einen guten Mann zu finden!
Es gibt nicht viele Männer auf der Welt, wie unser Papa einer war. Zu Hause war Papa das Oberhaupt, aber er behandelte Mama immer mit größtem Respekt. Papa und Mama hatten eine Liebesaffäre, die ihr ganzes Leben dauerte, und so sollte es auch sein.

Was denken sich diese Mädchen eigentlich?

Bessie: Ich will Ihnen mal was sagen: Heutzutage wissen die Frauen nicht mehr, wie sie sich herrichten sollen. Vor allem diese Frisuren – davon halte ich gar nichts. Es ist, als ob die Mädels in den Spiegel schauen und sich sagen würden: »Hmmm, mal sehen, wie ich mich heute am besten verunstalten kann.« Das gilt für die weißen genauso wie für die schwarzen.

Ich hasse diese sogenannten »Rastalocken«. Wir hatten eine junge Verwandte zu Besuch, die sich Rastalocken gemacht hatte, und sie fragte uns, wie uns das gefiele. Sadie war höflich und sagte: »Hm. Vorher hat mir deine Frisur besser gefallen.« Aber ich habe ihr die Wahrheit gesagt: »Es sieht entsetzlich aus! Der liebe Gott hat dich nicht gerade häßlich gemacht, aber du gibst dir jetzt alle Mühe, das zu ändern!«
Heutzutage haben die Frauen einfach keine Scham mehr. Zu unserer Zeit versuchte man, sich anständig zu kleiden, man achtete auf gute Stoffe und schmeichelnde Schnitte. Aber jetzt tragen die Mädchen enge Hosen und kurze Röcke – man sieht ja alles! Und je dicker der Hintern, um so kürzer der Rock! Was denken sich diese Mädchen eigentlich? Und dann kommen sie an und sagen, daß die Männer sie schlecht behandeln oder daß sie bei der Arbeit niemand ernst nimmt!
Jesus! Diese Mädchen sind doch verrückt. Zu unserer Zeit bekam man schon Ärger, wenn man auch nur die Fußgelenke sah, jawohl!

Der richtige Ehemann

Sadie: Heutzutage hat sich für die Frauen viel verändert. Früher machten die Frauen ein großes Geheimnis um die Schwangerschaft. Mama trug zum Beispiel immer weite lange Kleider, die praktisch alles verdeckten. Bis kurz vor Ende der Schwangerschaft konnte man fast gar nichts sehen. Deshalb waren wir sehr überrascht, als wir kürzlich Besuch von einer Journalistin bekamen, die hochschwanger war. Bessie flüsterte mir zu: »Ich glaube, sie wird gleich das Baby gebären! In unserem Haus! Am besten, wir machen schon mal Wasser heiß!«

Wir hatten ja keine Ahnung, daß die Frauen heutzutage bis zum Schluß arbeiten. Das war völlig neu für uns.

Als wir jung waren, kam es natürlich überhaupt selten vor, daß verheiratete Frauen arbeiteten. Aber heute ist das nichts Außergewöhnliches mehr, selbst bei denen, die Kinder haben. Es gibt keinen Grund, warum Mütter nicht auch einen Beruf ausüben sollten. Aber um das zu können, muß man den richtigen Ehemann haben.

Ein Mann, der zu selbstsüchtig ist, um sich um seine eigenen Kinder zu kümmern, der ihnen keine Zeit widmet, nun, das ist der falsche Ehemann. So einer ist doch nichts weiter als ein großes Kind. Wie könnte er sich da als Papa bezeichnen? Jedes Kind braucht einen Papa, bei dem es aufwächst. Ohne unseren Papa wären wir nichts!

Frauenarbeit

Bessie: Ich will Ihnen sagen, was wir noch Neues gelernt haben. Zu unserer Zeit haben Männer überhaupt keine Hausarbeit gemacht, aber heute gibt es angeblich Männer, die ihren Frauen im Haushalt helfen. Ein Hoch auf diese Männer! Als wir aufwuchsen, versuchten unsere Brüder zwar hin und wieder zu kochen, doch sie richteten dabei nur ein großes Durcheinander an, und sie konnten es auch nicht besonders gut.

Aber vor kurzem habe ich gesehen, daß auch Männer gute Köche sein können. Vor etwa einem Jahr haben wir ein japanisches Restaurant besucht. Als wir hinkamen, wies man uns einen eigenen Raum zu. Dort stand direkt vor uns der Herd. Und ein *Mann*, ganz in Weiß und mit weißer Mütze.

Er machte eine tiefe Verbeugung und bot uns Hähnchen, Meeresfrüchte oder Fleisch als Hauptgericht an. Sadie entschied sich für Hähnchen, weil das gesünder ist, aber ich bestellte natürlich Rindfleisch. Bei einem erstklassigen Rippenstück kann ich einfach nicht widerstehen, nein, weil Sadie mir zu Hause nicht allzu oft erlaubt, daß ich es esse! Nun, dieser Mann bereitete die Speisen vor unseren Augen zu. Und ich war erstaunt, wie geschickt und schnell er war. Ich hätte nie gedacht, daß ich eines Tages erleben würde, wie ein *Mann* für mich kocht.

Sadie: Bessie macht sich gern darüber lustig, aber ehrlich gesagt, haben wir nie daran geglaubt, daß es »Männerarbeit« und »Frauenarbeit« gibt. Bessie war eine hervorragende Zahnärztin, aber die meisten Menschen glaubten, das sei ein Männerberuf. Das ärgerte sie immer furchtbar! Ich glaube, ich habe Frauenarbeit immer gemocht. Ich habe Haushaltswissenschaft unterrichtet, heute heißt das ja »Hauswirtschaftslehre«, aber es hatte wirklich viel mit Wissenschaft zu tun, zum Beispiel das Studium der Vitamine und Nährstoffe und die Grundlagen der Gesundheit – aber deswegen war es noch lange keine Männerarbeit. Ich koche immer noch gern, und ich konnte sehr gut nähen. Das waren zwar keine besonderen Fähigkeiten, aber ich war trotzdem stolz darauf.

Ich habe all diese Dinge so gut gelernt, weil ich ein Mamakind war – ich bewunderte Mama, folgte ihr im Haus und auf dem Campus auf Schritt und Tritt und machte ihr alles nach. Ich glaube, Bessie war eher ein Papakind. Sie sah zu, wie Papa Dinge reparierte oder baute – er installierte sogar die Wasser- und Stromleitungen in Saint Aug's –, und bald schon konnte sie selbst Reparaturarbeiten ausführen. Sie war immer stärker als die meisten anderen Frauen. Wenn der Wagen mit Vorräten für Saint Aug's kam, reihte sich Bessie unter die Männer ein und half beim Abladen – ich spreche von fünfzig oder hundert Pfund schweren Säcken mit Mehl und dergleichen. Und sie war so geschickt mit ihren Händen. Vor noch gar nicht langer Zeit hat sie Bilderrahmen für unsere sämtlichen Familienfotos gemacht, in die sie hübsche Blätter- und Blumenmuster geschnitzt hat.

Also, wir finden es dumm, darüber nachzudenken, ob etwas Männer- oder Frauenarbeit ist. Man sollte das machen, was einen glücklich und stolz macht. Und darauf vertrauen, daß man machen kann, was man sich vorgenommen hat.

Haushaltsführung

Bessie: Zu unserer Zeit gab es so wenig berufstätige Frauen, daß man nicht nach den Leistungen außerhalb des Hauses beurteilt wurde. Vielmehr zählten solche Dinge wie die Größe der Stiche beim Nähen – je kleiner, desto besser – und wie leicht und locker man Muffins backen konnte. Darin war niemand besser als Sadie – ihre Muffins waren in ganz Harlem berühmt! Sie kannte viele Variationen, das folgende Rezept aber war mir das liebste.

Bessies Lieblingsmuffins

5 EL Fett vom Kochen (z.B. aus Speck ausgelassen)
6 EL plus 1 TL Zucker
3/4 Tasse gekochte Milch
1 Päckchen Hefe
2 große Eier, verquirlt
1 TL Salz, 1 TL Zitronensaft
1/4 TL Backsoda, 3 Tassen gesiebtes Mehl

Die Milch in einen kleinen Topf geben und das Fett und 1TL Zucker bei schwacher Hitze darin auflösen. Den Topf vom Herd nehmen und die Hefe hinzufügen. Die Milch abkühlen lassen, bis die Oberfläche Blasen wirft. In eine große Schüssel gießen und Eier, Salz, Zitronensaft, Backsoda und 6 EL Zucker hinzufügen, anschließend nach und nach das Mehl, wobei die Mischung jeweils zu einer weichen Masse geschlagen wird. Das Ganze zudecken und ruhen lassen, bis der Teig das doppelte Volumen hat.

Den Teig wieder zusammenrühren und, möglichst über Nacht, im Kühlschrank stehen lassen. Eine gefettete Muffinform zur Hälfte mit dem Teig füllen und gehen lassen, bis er wieder das doppelte Volumen hat. Anschließend bei 190° C 15 Minuten backen.

Die kleinen Eitelkeiten

Sadie: Wir erfreuen uns immer noch an all den kleinen Dingen, die zum Frausein dazugehören. Wir haben eine junge Frau, die uns im Haushalt hilft und jede Woche Maniküre macht.

Da Bessie Zahnärztin war, hat sie ihre Fingernägel immer kurz geschnitten, und ich wäre nie auf die Idee gekommen, mir meine zu lackieren. Inzwischen aber trage ich immer einen rosa Nagellack, der gut zu meiner Haut paßt, und Bessies Fingernägel sind leuchtend rot.

Schöne Nägel zu haben bedeutet vielleicht nicht viel, aber wir freuen uns daran. Eine Eitelkeit, die harmlos ist und uns aufmuntert! Wir wissen diese Idee unserer Haushaltshilfe wirklich zu schätzen. Darum sagt Bessie immer, daß sie nicht nur klug ist, sondern auch Geschmack hat.

Und jetzt kommt etwas, das Sie vielleicht nicht glauben: Bessie und ich wurden vor kurzem für ein Modemagazin fotografiert. Wirklich – trotz unseres Alters! Sie wollten uns aufputzen und an einem Strand in New Jersey Aufnahmen von uns machen. Bessie sagte: »Nein, Sir, ich werde zu keinem Strand in New Jersey gehen.« So kam der Fotograf zu

uns nach Hause, und sie machten unseren Vorgarten so zurecht, daß er wie ein Strand aussah.
Wir zogen schöne Kleider an, ließen uns frisieren und legten ein wenig Make-up auf. Wir fanden, daß wir ziemlich gut aussahen! Und Bessie sagte: »Sadie, ich fühle mich wieder wie ein kleines Mädchen, das Sich-fein-Machen spielt.«
Später lachten wir darüber. Bessie sagte: »Ich glaube, wir sind ganz schön verrückt, so etwas zu tun.« Und ich erwiderte: »Was soll's? Es hat doch Spaß gemacht.«

Wir sind noch nicht tot

Sadie: Wir interessieren uns auch noch immer für Männer! Kürzlich sagte mein Arzt zu mir: »Ich habe einen Patienten – einen Mann –, der 102 Jahre alt ist. Möchten Sie, daß ich Sie mit ihm bekanntmache?« Und ich antwortete: »Nein, danke, Herr Doktor. Wie wär's denn mit einem in Ihrem Alter?«
Als ich mit gebrochener Hüfte im Krankenhaus lag, kam Bessie mich besuchen. Dort fragte sie ein Mann, ob sie sich

selbst frisiere, und Bessie erwiderte: »Ja klar.« »Wirklich hübsch«, meinte er daraufhin. Und Bessie fühlte sich sehr geschmeichelt.

Bessie: Ich bin wirklich nicht zu alt, um mich in Männer zu verknallen! Als Sadie und ich live im Fernsehen auftraten, küßte mich der Moderator Regis Philbin auf den Mund! Ich war schockiert, aber irgendwer sagte hinterher: »Es sah aber so aus, als ob es dir gefallen hätte!« »Tja«, erwiderte ich, »vielleicht, vielleicht auch nicht.«
Ein anderes Mal wurden wir in der Sendung *Good Morning America* interviewt, und wir konnten einfach den Blick nicht von einem der Kameramänner lassen. Es war ein stattlicher, rothaariger Mann mit Schnauzbart. Schließlich sagte ich: »Entschuldigen Sie, daß wir Sie so anstarren, aber seit Teddy Roosevelt Präsident war, haben wir so einen Schnurrbart nicht mehr gesehen!« Später neckte uns jemand: »Ihr beide seid mir vielleicht welche, mit einem Mann so zu flirten!« Und ich erwiderte: »Kindchen, wir sind doch noch nicht tot!«

Wir schließen immer noch neue Freundschaften. Die Welt ist voller netter Menschen, man muß sich nur umschauen. Mama sagte immer: »Es ist deine Aufgabe, sie zu finden.« So eine Entdeckung war auch Regis Philbin, der uns vor laufenden Fernsehkameras mit einem Kuß überraschte.

9

Gesunder Körper, reines Herz

Unser Speiseplan

Bessie: Ständig fragen uns die Leute nach dem »Geheimnis« unseres langen Lebens. Aber das kann nur Gott allein beantworten! Wir tun unser Bestes, um unsere Gesundheit zu erhalten, und dazu gehört unter anderem, darauf zu achten, was wir essen und trinken.
Wir beginnen den Tag mit einem Glas Wasser; anschließend nehmen wir einen Teelöffel Lebertran ein und essen eine ganze Knoblauchzehe. Eine ganze, rohe Knoblauchzehe – so ist es. Knoblauch hilft Erkältungen vorzubeugen und ist auch gut für die Verdauung. Wir hacken die Zehe ganz fein, legen sie auf einen Löffel und schlucken alles auf einmal hinunter, ohne zu kauen, damit wir keinen Mundgeruch bekommen. Wir spülen mit einem Glas kaltem und anschließend mit einem Glas warmem Wasser nach.
Dann bereiten wir unser Frühstück. Seit ein paar Jahren ist das Frühstück unsere wichtigste Mahlzeit. Es ist unsere größte Mahlzeit am Tag, und wir essen es gleich nach unserer Gymnastik. Jede von uns bekommt ein Rührei, ein hartes Brötchen, Obst und eine Schüssel Haferflocken. Ich meine selbstgemachte Haferflocken, nicht so ein Fertigprodukt.

Auch zu Mittag essen wir gut. Huhn oder Rindfleisch – obwohl wir Fisch lieben, essen wir ihn inzwischen nicht mehr oft. Wir haben Angst, daß da zu viele Giftstoffe drin sind. Abends machen wir uns eine große Vanillemilch. Es ist nicht gut, die Hauptmahlzeit am Abend einzunehmen.
Wir nehmen jeden Tag Vitamintabletten: Vitamin A, B-Komplex, C, D, E sowie Zink und Tyrosin. Die Menge hängt davon ab, wie wir uns im Moment fühlen. Wenn ich z. B . ein leichtes Kratzen im Hals spüre, als ob ich eine Erkältung bekäme, nehme ich mehr Vitamin C. Antioxidant-Vitamine sind die besten. Wir glauben, daß es am besten ist, die Vitamine auf natürlichem Wege einzunehmen, mit dem Essen, aber Tabletten sind auch nicht schlecht.
Ich rede immer von »wir«, aber in Wirklichkeit ist Sadie für unsere Gesundheit verantwortlich. Sie sorgt dafür, daß ich meinen Lebertran einnehme – ich kann dieses scheußliche Zeug nicht ausstehen. Und sie sagt mir, was ich essen soll. Wenn sie den Eindruck hat, daß ich nicht genügend esse, kontrolliert sie mich. Aber das verdirbt mir vollends den Appetit!
Sie macht mich ein bißchen verrückt, aber ich denke, sie hat schon recht damit! Der Beweis dafür ist schließlich, daß ich schon 103 Jahre lebe.

Wir beide beim Knoblauchschneiden; wenn es um die Gesundheit geht, darf man keinen Unsinn machen. Für alles, was das Leben lebenswert macht, muß man selbst etwas tun.

Lockerungsübungen

Sadie: Es gibt noch etwas, worauf ich bestehen muß und was Bessie nicht besonders mag, und das ist Gymnastik. Man muß Gymnastik machen, nicht nur für Herz und Lunge, sondern auch, um nicht steif zu werden. Man bleibt gelenkig, und das ist wichtig, wenn man älter wird.
Vor gut vierzig Jahren haben wir mit Yoga angefangen, aber glauben Sie nicht, daß wir nicht vorher auch schon Gymnastik gemacht hätten! Als wir noch jünger waren und in New York City lebten, mußten wir meilenweit laufen, weil wir es uns nicht leisten konnten, den Bus zu nehmen. Das war eine enorm gute Übung!
Man muß sich nicht auf den Boden setzen und Yoga machen. Man kann sich auch mit Haus- oder Gartenarbeit oder sonstwas fit halten – nur nicht, indem man den ganzen Tag auf seinem Hintern sitzt.

Seit nunmehr beinahe vierzig Jahren machen wir jeden Tag Gymnastik. Neben anderem hält uns das aktiv. Auf diesen Fotos sind wir 102 und 100 Jahre alt.

Garten der Gesundheit

Bessie: Ich habe Gartenarbeit immer diesem blöden Yoga vorgezogen. Etwas zu säen und zuzusehen, wie es wächst, gehört doch zu den schönsten Dingen im Leben. Wir mußten kaum jemals Gemüse kaufen, weil in unserem Garten alles so üppig wuchs. Im Sommer pflückten wir einfach, was wir zum Essen brauchten – was gerade reif war –, und im Herbst konnten wir soviel einmachen, daß es für den ganzen Winter reichte.

Wir wissen einfach, daß dieses Gemüse uns gesund hält. Wir achten darauf, daß wir jeden Tag sieben verschiedene Sorten essen. Eine Möglichkeit ist zum Beispiel, Gerichte zu kochen, in denen sie alle enthalten sind.

Desserts

Sadie: Wenn man viel Obst ißt, lebt man länger. Vor nicht allzu langer Zeit zum Beispiel haben ein paar frische Kirschen Bessie aus einem Tief herausgeholt. Sie fühlte sich

Sadies Eintopf aus sieben Gemüsen

Kohl, Rüben, Brokkoli, Karotten, Zwiebel, Sellerie und Blumenkohl klein schneiden. Das Gemüse der Reihe nach in eine Kasserolle schichten. Einen Eßlöffel Öl hinzufügen und das Ganze bei schwacher Hitze 20 Minuten lang kochen.

schwach, und so aß sie vor dem Schlafengehen eine Handvoll davon, und wissen Sie was? Als sie aufwachte, fühlte sie sich hundertprozentig besser! Sie schwört, daß es an diesen Kirschen lag.

Wir lieben Obst, doch wir haben den Genuß von Zitrusfrüchten etwas einschränken müssen, weil wir glauben, daß sie das Rheuma verschlimmern. Aber es gibt ein köstliches Dessert, auf das wir einfach nicht verzichten können: Götterspeise. Es war Papas Lieblingsnachtisch. Da er in Florida aufgewachsen war, liebte er Zitrusfrüchte.

In unserer Familie gibt es eine lustige Geschichte über Götterspeise. Einmal schickte Mama mit dem Zug eine Schüssel

voll von Raleigh zu ihren Eltern, die in Virginia in der Nähe von Danville wohnten. Das war nichts Ungewöhnliches, doch dieses Mal hatte der Zug Verspätung, und die Götterspeise fing an zu gären. Oma wollte sie wegwerfen, aber Opa meinte: »Nein, Martha, stell sie auf den Kaminsims.« Oh, er war clever. Jeden Morgen schnitt er sich ein Stück davon ab, und bestimmt hat er seinen *Likör* sehr genossen. Diese Götterspeise hatte es nämlich ganz schön in sich!
Götterspeise gibt's bei uns immer am 5. Februar, Papas Geburtstag. Es ist eine schöne Art, seiner zu gedenken.

Man soll sich nicht alles versagen

Sadie: Es ist wichtig, sich gesund zu ernähren, aber man lebt nicht lange, wenn man sich nicht ab und zu auch mal etwas gönnt!
Wenn Bessie schlechte Laune hat, gehe ich in die Küche und überlege, bis mir etwas zum Kochen einfällt, dem sie nicht widerstehen kann. Ich kenne nämlich alle ihre Lieblingsgerichte. Und nichts kann Bessie besser wieder aufmuntern als

Götterspeise

Fleisch einer frischen Kokosnuß, geraspelt
etwa 1 Dutzend Orangen
Zucker

Die Kokosnuß öffnen und die dunkle Innenhaut entfernen. Das Fleisch feinraspeln, bedecken und beiseite stellen. Die Orangen schälen und auch die weiße Haut entfernen. In dünne Scheiben schneiden und die Kerne entfernen. (Mama machte immer kurzen Prozeß: Sie schälte die Orangen, ohne die weiße Haut zu entfernen, und schnitt sie in dünne Scheiben. Die weiße Haut ist gesund.)
Eine Schicht Kokosnußraspeln in eine große Servierschüssel streuen und darauf eine Schicht Orangenscheiben legen. Eine Handvoll Zucker darüberstreuen. Anschließend wieder von vorn beginnen und das Ganze wiederholen, bis die Schüssel voll ist. Zuletzt Kokosnußraspeln darüberstreuen.
Die Schüssel über Nacht in den Kühlschrank stellen. Zum Servieren die Speise in einzelne Dessertschälchen füllen.

Kokosnuß. Danach ist sie wieder ganz die alte, lacht und macht munter weiter. Sie liebt Kokosnuß, und in der Regel wirkt es.

Sich etwas gönnen

Bessie: Auch ein Gläschen Alkohol kann man sich ab und an gönnen, sofern es in Maßen geschieht. Er entspannt, und das ist gut. Aber wir nehmen nie dieses Zeug aus dem Geschäft. Wir machen uns selbst etwas aus den Rosenblättern in unserem Garten.

Bessies frische Kokosplätzchen

1/2 Tasse Butter
1/2 Tasse Backfett
4 EL Margarine
2 bis 3 Tassen frische Kokosnuß, geraspelt
2 Eier
1 TL Vanilleextrakt
1 TL Zitronenextrakt
3 Tassen Mehl
1 1/2 Tassen Zucker
1/2 TL Salz
1/2 TL Muskat

Die Butter, das Backfett, die Margarine und die Kokosnußraspeln verrühren. Eier und Vanille- und Zitronenextrakt hinzufügen. Die restlichen Zutaten seihen und unter die Masse mischen. Mittelgroße Kugeln formen, ein wenig flachdrücken und 20 Minuten bei 180° C backen.

Sadies Rosenwein

Rosenblätter aus dem Garten
3 l kochendes Wasser
Saft und Schale mit 2 kleingeschnittenen Zitronen
Saft und Schale mit 4 kleingeschnittenen Orangen
2 Hefekuchen
7 Pfund Zucker

Rosenblätter (möglichst rote wegen der Farbe) in einen 6- bis 9-Liter-Behälter aus Glas oder Plastik geben. 3 l kochendes Wasser hinzufügen und das Ganze über Nacht abkühlen lassen. Am nächsten Tag Saft und Schale der Zitronen und Orangen hinzufügen und alles 3 Tage stehenlassen. Dann die Flüssigkeit durch ein Gazetuch seihen. Die Hefekuchen und Zucker hinzufügen und bis zum Rand mit Wasser auffüllen. Das Ganze in sterilisierte große Krüge gießen und lose mit einem Gaze- oder Trockentuch zudecken. An einem mäßig kühlen Ort lagern, bis der Gärungsprozeß abgeschlossen ist (mindestens 4, manchmal auch bis zu 10 Wochen). Dann den Wein in Flaschen gießen und verkorken.

Sauberkeit

Bessie: Natürlich ist Wasser das wichtigste Getränk, und deshalb gehen wir damit sehr sorgfältig um. Es käme uns nie in den Sinn, es direkt aus der Leitung zu trinken. Wir kochen es erst ab, und wenn es sich wieder abgekühlt hat, heben wir es in Glaskrügen auf.
So haben es zu unserer Zeit die klugen Leute auch gemacht. Außerdem waschen wir uns immer die Hände, sobald wir das Haus betreten haben, so wie Mama es uns beigebracht hat. Sie war die reinlichste Frau, die es gab! Wenn wir über Nacht mit dem Zug gefahren waren, stand sie vor Morgengrauen auf, um den Waschraum zu putzen, bis er blitzsauber war. Und wir murrten, wenn sie uns aufweckte und sagte: »Los, Beeilung, Mädchen! Hinein mit euch in den Waschraum, bevor jemand anderes kommt!«
Das klingt alles vielleicht komisch, aber früher war man eben heikel, weil es noch keine Antibiotika gab. Man konnte Krankheiten nur vorbeugen. Wir denken, daß die Welt heute nicht weniger schmutzig – oder sogar noch schmutziger – ist. Warum riskieren, krank zu werden? Wir wissen schon gar nicht mehr, wann wir zuletzt eine Erkältung hatten.

Sauberkeit – daran glauben wir. Und die Hygiene ist nur ein Teil davon. Wir versuchen auch, uns ein reines Herz zu bewahren.

10

Man wird nicht jünger

Keine vorschnellen Urteile bitte!

Sadie: Wenn man älter wird, machen sich alle um einen Sorgen. »Tu dies nicht, tu das nicht«, heißt es dann. Das macht uns schier wahnsinnig, Bessie sagt immer: »Wenn ich meinen kleinen Hund füttere und dabei die Treppe runterfalle und mir den Hals breche, dann ist es eben so.«
Die Leute meinen, alte Leute kämen nicht mehr allein zurecht. Aber schauen Sie uns an! Vor etwa zehn Jahren, als wir schon über neunzig waren, mußte ein Kühlschrank von der Vorratskammer im Dachgeschoß in die Küche transportiert werden. Wir hatten zwei Männer dazu bestellt, aber die Tage vergingen, ohne daß sie sich meldeten. Tja, da sind wir einfach selbst rauf und haben diesen Kühlschrank heruntertransportiert. Jawohl! Ich und Bessie. Es ging nur langsam und mit größter Vorsicht – aber wir haben es geschafft. Schließlich kamen diese beiden Männer und meinten: »Okay, jetzt könnten wir den Kühlschrank umstellen.« Und wir darauf: »Sie kommen zu spät!« Sie konnten es nicht glauben, daß diese beiden alten Damen ihn selbst heruntergeschafft hatten. Wir hatten die Männer gar nicht gebraucht!

Ich sage nicht, daß ältere Leute ohne Hilfe auskommen sollten. Aber man darf nicht zulassen, daß die Leute einen nur noch für einen hilflosen alten Dummkopf halten.
Allerdings sollte man sich seine Grenzen ehrlich eingestehen. Wer das nicht tut, ist schlicht und einfach nicht ganz bei Trost!

Zutiefst besorgt

Bessie: Ich finde es lästig, wenn die Leute sich ständig Sorgen um uns machen! Aber ich muß zugeben, daß ich selbst auch oft ängstlich bin. Mit 103 Jahren hat Sadie sich die linke Hüfte gebrochen und kam ins Krankenhaus, und das, Schätzchen, ist wirklich eine Situation, wo man sich Sorgen machen muß.
Wenn man nämlich mit 103 Jahren im Krankenhaus aufkreuzt, wagt niemand, einen anzurühren. Sie wissen nicht, wie man mit alten Leuten umgeht, und alle hielten uns für senil. Sie sprachen vor uns miteinander, als ob wir gar nicht da wären. Das hat uns sehr verletzt.
Schließlich fanden sie einen Chirurgen, der bereit war, die

Sadie: Auf diesem Bild bin ich ungefähr fünfundsechzig. Die Frauen aus der Familie Delany sahen immer zehn Jahre jünger aus, als sie tatsächlich waren. Das liegt in der Familie. Papa pflegte zu sagen: »Es gibt keinen Grund, warum jemand wissen sollte, wie alt ihr seid.« Er schrieb unser Alter auch nicht in das Familienbuch, damit niemand es erfuhr, und unsere Brüder hielten es ebenfalls geheim. Sie logen nicht, vermittelten aber immer den Eindruck, wir seien ihre kleinen *Schwestern.*

Operation vorzunehmen, was schon eine Glanzleistung war. Aber Sadie mußte fast zwei Monate lang im Krankenhaus bleiben. Ich habe mich einfach zu Tode geängstigt. Ich *haßte* das Krankenhaus. Und wissen Sie, was mir am meisten zuwider war? Ich hatte entdeckt, daß die Totenhalle ganz nah bei der Küche lag! Ich bin nämlich geradezu fanatisch, was die Hygiene betrifft. Das liegt sicher daran, daß ich Zahnärztin war. Bei mir muß immer alles sauber sein.

Aber Sadie sagte immer: »Bessie, du solltest dir nicht solche Sorgen machen. Ich werde hier nicht sterben! Wir müssen eben das Beste daraus machen.« In dieser Hinsicht ist sie klüger als ich.

Jeden Tag rief sie mir ins Gedächtnis: »Es liegt in Gottes Hand, also warum sich darüber aufregen?«

Wir geben nicht auf

Sadie: Der schönste Moment im Krankenhaus war für mich, als Bessie meine Haarbürste mitbrachte und mich kämmte. Als ich aufblickte, sah ich drei Krankenschwestern

in der Tür stehen, die uns beobachteten. Ich glaube, sie fanden es süß, wie diese Frau über 100 das Haar ihrer großen Schwester bürstete.
Ich genoß das, und ich bemühte mich, im Krankenhaus Fortschritte zu machen. Ich lernte sogar ein paar »Überlebenstricks«. Das Essen war immer kalt, und so bestellte ich Tee, obwohl ich gar nicht die Absicht hatte, ihn zu trinken. Nein, ich nahm das heiße Teewasser und träufelte es über das Essen, besonders die Soßen, um es zu erwärmen. Es wirkte wie ein Zauber, und ich kam zu meinem warmen Essen. Einmal gerieten die Krankenschwestern alle aus dem Häuschen, weil sie dachten, ich wäre verschwunden. Dabei übte ich draußen im Flur mit meinem Laufstuhl. Niemand hatte mir gesagt, daß ich das tun sollte. Ich wußte nur, daß ich die Dinge selbst in die Hand nehmen mußte.
Ich bekam immer Zimmergenossinnen, die viel jünger waren als ich. Und das Lustige war, daß ich viel besser in Form war als sie! Eine von ihnen, sie war wohl um die Siebzig, war ganz außer sich und ängstlich. Niemand besuchte sie, und das Krankenhauspersonal hatte zuviel zu tun, um sich ausgiebig um sie zu kümmern. Da beschloß ich, ihr zu helfen. Ich betätigte die Bettklingel für sie, wenn sie etwas brauchte. Ich beruhigte sie, wenn sie Panik bekam. Und ich machte ihr

Mut, indem ich sagte: »Meine Liebe, Sie müssen sich aber auch Mühe geben.«

Das ist ein großes Problem bei einigen älteren Leuten – sie trauen sich zu wenig zu. Von einem bestimmten Alter an geben sie einfach auf. Das ist schade! Wenn es etwas gibt, was ich in all diesen Jahren gelernt habe, dann das, daß das Leben zu schön ist, um auch nur einen Tag zu verschwenden. Es liegt an einem selbst, ob es angenehm ist oder nicht.

Zeigen, wer der Boss ist

Bessie: Als Sadie aus dem Krankenhaus kam, war sie sehr schwach und konnte nur mit einem Laufstuhl gehen. Und so meinten die Leute, daß wir zum ersten Mal in unserem Leben Hilfe im Haushalt brauchten. Aber ich wollte mich nicht damit abfinden! »Nein, auf keinen Fall«, sagte ich. »Niemand kann besser für Sadie sorgen als ich.«

Als einer meiner Neffen mir Vorschriften machen wollte, wie ich dies oder jenes zu tun habe, erwiderte ich: »Du führst deinen Haushalt und ich meinen!«

Und das tat ich auch. Acht Monate kamen wir ganz gut zurecht, und dann brach Sadie sich die andere Hüfte. Und, kaum zu glauben, gerade als Sadie wieder zu Hause war, brach *ich* mir die Hüfte! Wirklich! Schätzchen, wir sind so alt wie Moses, und ich glaube, mit solchen Dingen müssen wir einfach rechnen. Aber es ist ausgesprochen hart, wenn das Gehirn noch gut funktioniert und der Körper einen im Stich läßt.

Es gibt zwei Orte, wo ich niemals hin möchte. Der eine ist das Gefängnis und der andere das Krankenhaus! Als der Krankenwagen kam, um mich zu holen, sagte ich zu dem Fahrer: »Sie können mich gleich zum Friedhof bringen. Da möchte ich lieber hin, wirklich, Sir!«

Als ich ins Krankenhaus kam, glaubten die Leute, ich würde mich genauso wie Sadie verhalten. Schätzchen, so ist das mein ganzes Leben lang gewesen. Seit meiner Geburt bin ich in Sadies Fußstapfen getreten. Als wir beide als Lehrerin arbeiteten, bekam ich eine Stelle an einer von Sadies ehemaligen Schulen. Und ständig bekam ich zu hören: »Sadie macht es so« oder »So hat es Sadie aber nicht gemacht.« Schließlich sagte ich: »Hören Sie mal zu, ich bin nicht Sadie. Ich bin Bessie. Und wenn Ihnen das nicht gefällt, nun, dann tut's mir leid.«

Das andere Mal, daß ich ins Krankenhaus mußte, war 1906, als ich Typhusfieber hatte. Ich war erst fünfzehn Jahre alt. Aber damals, das sage ich Ihnen, da habe ich den Leuten gezeigt, wer der Boß ist. Oh, ich war *schrecklich*. Ich ließ mir nichts gefallen! Eines Tages kam ein Freund zu Besuch und bemerkte, daß meine Nägel zu lang waren. Er bot mir eine Maniküre an, aber ich sagte: »Nein, auf keinen Fall! Rühr meine Nägel nicht an. Vielleicht brauche ich gerade solche Klauen!«

Ich will nicht sagen, daß es richtig war, so ein Theater zu machen. All die Leute dort wollten mir ja nur helfen. Sadie erreicht ihr Ziel immer, indem sie freundlich und entschlossen auftritt, aber ich nehme kein Blatt vor den Mund, Schätzchen. Wer sich mit mir anlegt, hat's nicht leicht.

Aber wie auch immer, man muß kämpfen im Leben. Wenn man jung ist, ist man damit beschäftigt, gegen all die großen Probleme in der Welt anzukämpfen. Als älterer Mensch hingegen muß man kämpfen, um sich die Dinge zu bewahren, zum Beispiel seinen Besitz und seine Würde und Unabhängigkeit.

Aber das Wichtigste ist, sich den Mut zu kämpfen zu bewahren!

Was ich bereue

Bessie: Wenn man älter wird, ist es ganz natürlich, daß man auf das eigene Leben zurückblickt. Und wie bei den meisten Menschen gibt es auch bei mir ein paar Dinge, die ich bedaure. Was ich nach den über 100 Jahren am meisten bereue, ist, daß ich andere Leute manchmal nicht so gut behandelt habe, wie es mir möglich gewesen wäre. Als Kinder spielten wir gewöhnlich vor dem Haus des Direktors auf dem Campus von Saint Aug's. Seine Frau, Mrs. Hunter, kam ab und zu heraus und sagte freundlich: »Kinder, Mrs. Hunter hat Migräne. Bitte, spielt doch woanders.« Wir gingen dann für eine Weile fort, kamen aber immer wieder auf ihren Hof zurück. Im nachhinein bin ich mir sicher, daß wir diese arme Frau schrecklich geärgert haben. Und ich fühle mich immer noch schuldig deswegen, auch nach all den Jahren noch.

Ich bin auch manchmal ein bißchen gemein. Sadie sagt nie etwas Gemeines über andere, besonders, wenn sie schon tot sind. Wenn ich etwas Böses über einen Verstorbenen äußere, erwidert Sadie immer: »Bessie, über die Toten soll man niemals schlecht sprechen«, und dann versuche ich, gut zu sein.

Ein Wort an ältere Leute

1.

Folgen Sie Ihrem eigenen Rhythmus. Das Wichtigste in Ihrem Leben ist Ihre Zeit, und nichts macht einen so hilflos, als wenn man andere Leute darüber bestimmen läßt.

2.

Bestimmen Sie selbst über Ihr Geld, aber seien Sie vorsichtig. Bezahlen Sie selbst Ihre Rechnungen und bewahren Sie den Überblick über Ihr Konto, so lange Sie können. Wenn die Zeit gekommen ist, daß jemand anderes sich um Ihre Finanzen kümmern muß, vergewissern Sie sich, daß Sie über alles, was er tut, informiert sind. Wenn andere Leute Ihr Geld verwalten, kann es leicht passieren, daß Sie die Kontrolle über Ihr Leben verlieren.

3.

Sehen Sie zu, daß Sie einen Hausarzt haben, der Ihnen Rede und Antwort steht. Sonst wird man Sie wie einen Trottel behandeln, sobald Sie einmal mit Krankenhäusern zu tun bekommen. Als Sadie im Krankenhaus lag, prüfte einmal eine medizinisch-technische Assistentin ihren Blutdruck, und Sadie fragte sie nur, wie er denn sei – gut, schlecht oder mittelmäßig. Da schaute dieses Mädchen sie an, als wäre sie ver-

rückt! »Mittelmäßig«, erwiderte sie, als ob Sadie das nichts anginge. Wir haben dieses Problem gelöst, indem wir uns eine eigene Gerontologin zugelegt haben. Ab einem bestimmten Alter hat man keine Kontrolle mehr über seine Gesundheit, aber das heißt nicht, daß man auch seine Würde verlieren muß.

4.

Machen Sie sich nicht mehr als nötig von einer Person abhängig. Wenn Sie viele Helfer haben, können Sie sicher sein, daß immer jemand zur Verfügung steht, wenn Sie Hilfe brauchen. Auf diese Weise werden Sie sich viel unabhängiger fühlen. Wir haben verschiedene Leute, die verschiedene Dinge für uns erledigen – uns fahren, zur Post gehen oder Vitamintabletten kaufen. Und da mehrere Leute diese kleinen Gefälligkeiten übernehmen, sind wir für niemanden eine große Last.

5.

Seien Sie nicht zu stolz, ihre Grenzen zu akzeptieren. Zu entdecken, daß man nicht mehr alles so tun kann wie früher, gehört zu den schwierigsten Dingen im Leben. Wir sind nicht besonders glücklich, daß andere Leute uns im Haus helfen, aber wir müssen uns damit abfinden. Vergewissern Sie sich aber, daß die Leute tun, was Sie *wollen. Es ist immer noch Ihr Haus, und Sie sind immer noch der Boß!*

Mama sagte immer zu mir: »Bessie, eines Tages wirst du für alles Böse, was du jemals gesagt hast, Rechenschaft ablegen müssen.« Das ist es, was mir solche Sorgen macht. Wenn ich noch einmal von vorn anfangen müßte, würde ich mich ab und zu beherrschen und den Mund halten.

Sadie: Ich weiß, daß das unglaubwürdig klingt, aber ich bereue nichts. Ich gehöre zu den Menschen, die nachdenken, bevor sie reden oder handeln, deshalb mache ich nicht so viele Fehler ... das hoffe ich zumindest.
Wenn man älter wird, fragt man sich: »Wie habe ich mein Leben geführt? Habe ich richtig gelebt?« Ich glaube, das habe ich. Ich bin vollkommen zufrieden. Vielleicht sollten alle älteren Menschen nach ihrem Leben gefragt werden. Wenn man lange lebt, hat man viele Geschichten zu erzählen. Die Leute müssen einen nur fragen.

Ein letztes Wort

Sadie: Auch wenn das für einige vielleicht ziemlich verrückt klingt, aber wir haben kein bißchen Angst vor dem Sterben. Wir sind voller Hoffnung, in den Himmel zu kommen. Und wäre es nicht die größte Freude, Mama und Papa wiederzusehen?

Bessie sagt, sie sei in ihrem Leben schon bei zu vielen Beerdigungen gewesen. »Die nächste, zu der ich gehe, wird meine sein«, meint sie immer. Bessie ist nämlich sehr sensibel. Sie kommt nur schwer über die Todesfälle hinweg, während ich einfach mit meinem Leben weitermache wie bisher.

Vor kurzem meinte sie: »Sadie, ich glaube, ich werde im Schlaf sterben. Das hört sich doch gut an, nicht wahr?« Darauf sagte ich: »Vielleicht für *dich*, ja! Aber was ist mit *mir*?« Ich finde, das wäre gemein von ihr, mir so was anzutun.

Aber wir geben noch nicht auf, solange der Herr nicht beschließt, daß es Zeit ist, uns zu sich zu rufen. Bis dahin wollen wir, wie alle Menschen, weiterleben. Wie Bessie zu sagen pflegt: »Der Himmel ist meine Heimstatt, aber, Schätzchen, ich habe kein Heimweh!«

Wenn unsere Zeit kommt, werden wir auf dem Familiengrab in Raleigh bestattet. Bessie und ich werden Seite an Seite beerdigt werden – gleich neben Mama und Papa.
Mehr verlangen wir nicht.

Über die Autoren

Sarah Delany wurde 1892 geboren, Elizabeth Delany im Jahre 1890. Für Frauen, und noch dazu für Schwarze ungewöhnlich, zogen sie die berufliche Laufbahn einem Leben als Ehefrau und Mutter vor. Sie sind statt dessen Zahnärztin und Lehrerin geworden.

Mit ihrem ersten Buch, *Unsere ersten hundert Jahre*, machten die beiden Schwestern in Amerika Furore. Es stand dort wochenlang auf den Bestsellerlisten und feierte außerdem als Broadwaybearbeitung große Erfolge.

Elizabeth Delany starb im Jahre 1995.